企业应急管理与预案编制系列读本

# 旅游景区事故
# 应急管理与预案编制

企业应急管理与预案编制系列读本编委会　编
主　编　佟瑞鹏
副主编　李春旭

中国劳动社会保障出版社

**图书在版编目(CIP)数据**

旅游景区事故应急管理与预案编制/《企业应急管理与预案编制系列读本》编委会编. —北京：中国劳动社会保障出版社，2015
(企业应急管理与预案编制系列读本)
ISBN 978-7-5167-1810-0

Ⅰ.①旅… Ⅱ.①企… Ⅲ.①旅游区-伤亡事故-处理-方案制定 Ⅳ.①F590.6

中国版本图书馆 CIP 数据核字(2015)第 091910 号

**中国劳动社会保障出版社出版发行**
(北京市惠新东街 1 号 邮政编码：100029)
*
北京金明盛印刷有限公司印刷装订 新华书店经销
880 毫米×1230 毫米 32 开本 7.875 印张 195 千字
2015 年 5 月第 1 版 2015 年 5 月第 1 次印刷
**定价：25.00 元**

读者服务部电话：(010) 64929211/64921644/84643933
发行部电话：(010) 64961894
出版社网址：http://www.class.com.cn

# 丛书编委会名单



**本书主编**　佟瑞鹏

**副 主 编**　李春旭

# 内容提要

本书为“企业应急管理与预案编制知识丛书”之一，根据新修订的《安全生产法》要求，紧扣旅游景区安全事故应急预案编制方法这一中心，全面介绍事故应急管理和技术处置知识，旨在提高旅游景区管理单位的应急能力，规范应急的操作程序和指导应急预案编制。

本书主要内容包括：旅游景区及其事故预防，我国旅游景区应急工作体系，旅游景区应急预案编制，旅游景区应急培训与演练，旅游景区应急响应，旅游景区事故应急处置。

本书可作为安全生产监督管理人员、行业安全生产监督管理人员、企事业单位安全生产管理人员、企业应急管理和工作人员、其他与应急活动有关的专业技术人员读本，还可作为企业从业人员知识普及用书。

# 前言
Preface

我国最新修订的《安全生产法》与《职业病防治法》均明确规定，各级政府与部门、各类行业与生产经营单位要制定生产安全事故应急救援预案，建立应急救援体系。《安全生产“十二五”规划》（国办发〔2011〕47 号）中也再次明确要求：要“推进应急管理体制机制建设，健全省、市、重点县及中央企业安全生产应急管理体系，完善生产安全事故应急救援协调联动工作机制”。建立生产安全事故应急救援体系，提高应对重特大事故的能力，是加强安全生产工作、保障人民群众生命财产安全的现实需要。对提高政府预防和处置突发事件的能力，全面履行政府职能，构建社会主义和谐社会具有十分重要的意义。

随着我国经济飞速发展，能源和其他生产资料需求明显加快，各类生产型企业和一些新兴科技产业规模越来越大，一旦发生事故，很可能造成重大的人员伤亡和财产损失。我国的安全生产方针是“安全第一、预防为主、综合治理”，加强生产安全管理，提高安全生产技术，做好事故的预防工作，可以避免和减少生产安全事故的发生。但同时，应引起企业高度重视的问题是一旦发生事故，企业应如何应对，如何采取迅速、准确、有效的应急救援措施来减少事故发生后造成的人员伤亡和经济损失。目前，我国正处于经济转型期，安全生产形势日益严峻，企业迫切需要加快应急工作进程，加强应急救援体系的建设。该项工作已成为衡量和评价企业安全的重要指标之一。事故应急救援是一项系统性和综合性的工作，既涉及科学、技术、管理，又涉及政策、法规和标准。

为了提高生产经营企业应对突发事故的能力，我们特组织有关行业、企业主管部门及高校与科研院所的专家，编写出版了“企业应急管理与预案编制系列读本”。本系列读本紧扣行业企业生产安全事故应急管理和预案编制工作这一中心，将事故应急工作中的行政管理和技术处置知识有机结合，指导企业提高生产安全事故现场应急能力与技术水平，规范应急操作程序。系列读本突出实用性、可操作性、简明扼要的特点，以期成为一部企业应急管理和工作人员平时学习、战时必备的实用手册。各读本在编写中注重理论联系实际，将国家有关法律法规和政策、相关专业机构和人员的职责、应急工作的程序与各类生产安全事故的处置有机结合，充分体现“预防为主、快速反应、职责明确、程序规范、科学指导、相互协调”的原则。

本套丛书在编写过程中，听取了不少专家的宝贵意见和建议。在此对有关单位专家表示衷心的感谢！本套丛书难免存在疏漏之处，敬请批评指正，以便今后补充完善。

# 目 录

CONTENTS

# 第一章 旅游景区及其事故预防

## 第一节 旅游景区及其事故概述

### 一、旅游景区

依据《旅游景区质量等级的划分与评定》(修订)(GB/T 17775—2003),旅游景区是指以旅游及其相关活动为主要功能或主要功能之一的空间或地域,具有参观游览、休闲度假、康乐健身等功能,具备相应旅游服务设施并提供相应旅游服务的独立管理区。该管理区应有统一的经营管理机构和明确的地域范围。包括风景区、文博院馆、寺庙观堂、旅游度假区、自然保护区、主题公园、森林公园、地质公园、游乐园、动物园、植物园及工业、农业、经贸、科教、军事、体育、文化艺术等各类旅游景区。

人们常常提到旅游目的地、旅游区、风景名胜区这三个概念,其间既有区别,又有相似之处。从范畴上说,旅游目的地最为广泛,其次是旅游区,最后是风景名胜区,依次包含。

#### 1. 旅游目的地

“旅游目的地”这一概念虽然常常被使用,但目前在国内尚无完整的定义。英国学者 D. 布哈利斯认为:“旅游目的地是一个特定的地理区域,被旅游者公认为是一个完整的整体,有统一的旅游业管理与规划的政策、司法框架,也就是说由统一的目的地管理机构进行管理的区域”。而C. G. 霍洛韦则是这样界定旅游目的地的：“一个目的地可以是一个具体的风景名胜区，或者是一个城镇，一个国家内某个地区，整个国家，甚至是地球上一片更大的地方。”

不难看出，旅游目的地具有如下特点：

（1）旅游目的地是一个大尺度的地理区域概念。

（2）旅游目的地包括了旅游业发展所需要的各要素，如资源、设施及服务等。

（3）旅游目的地多依附于一定的城市（镇），而城市（镇）也往往成为旅游吸引物的一部分。

（4）旅游目的地不具有完全的旅游规定性，即其资源、设施及服务不一定专为旅客所使用，当地居民同样有权享用。

旅游目的地可分为城市型旅游目的地和景点型旅游目的地。

**2. 风景名胜区**

根据2006年9月6日国务院第149次常务会议通过，自2006年12月1日起施行的《风景名胜区条例》：“风景名胜区，是指具有观赏、文化或者科学价值，自然景观、人文景观比较集中，环境优美，可供人们游览或者进行科学、文化活动的区域。”风景名胜区应具有如下特点：

（1）优美的环境。

（2）自然景观与人文景观较集中。

（3）自然景观与人文景观具有游览、科学、文化及历史价值。

（4）有可供游客游览、休息或进行科学文化活动的空间及设施。

（5）有法定的空间范围。

**3. 旅游区**

中华人民共和国国家标准《旅游区（点）质量等级的划分与评定》（GB/T 17775—2003）中规定：旅游区是经县级以上（含县级）行政管理部门批准成立，有统一管理机构，范围明确，具有参观、游览、度假、康乐、求知等功能，并提供相应旅游服务设施的独立单位。

因此，旅游区应具有如下特点：

（1）具有较集中的旅游吸引物。

（2）具有较完善的旅游服务设施、设备。

（3）具有完善的公共设施。

（4）具有完全的旅游规定性。

（5）具有一定的空间尺度

（6）具有一定的经营功能。

从实际情况看，从某种意义上说，国际上的“旅游景区”和“旅游目的地”是有重叠的。

## 二、旅游景区的划分

旅游景区类型多种多样，分类方法也很多。根据 GB/T 18972—2003《旅游资源分类、调查与评价》，可对旅游景区做如下划分（见表 1—1）。

表 1—1　　旅游景区资源分类

| 主类 | 亚类 | 基本类型 |
| --- | --- | --- |
| A 地文景观 | AA 综合自然旅游地 | AAA 山丘型旅游地 AAB 谷地型旅游地 AAC 沙砾石地型旅游地 AAD 滩地型旅游地 AAE 奇异自然现象 AAF 自然标志地 AAG 垂直自然地带 |
| | AB 沉积与构造 | ABA 断层景观 ABB 褶曲景观 ABC 节理景观 ABD 地层剖面 ABE 钙华与泉华 ABF 矿点矿脉与矿石积聚地 ABG 生物化石点 |
| | AC 地质地貌过程形迹 | ACA 凸峰 ACB 独峰 ACC 峰丛 ACD 石（土）林 ACE 奇特与象形山石 ACF 岩壁与岩缝 ACG 峡谷段落 ACH 沟壑地 ACI 丹霞 ACJ 雅丹 ACK 堆石洞 ACL 岩石洞与岩穴 ACM 沙丘地 ACN 岸滩 |

续表

| 主类 | 亚类 | 基本类型 |
|---|---|---|
| A地文景观 | AD自然变动遗迹 | ADA重力堆积体 ADB泥石流堆积 ADC地震遗迹 ADD陷落地 ADE火山与熔岩 ADF冰川堆积体 ADG冰川侵蚀遗迹 |
| | AE岛礁 | AEA岛区 AEB岩礁 |
| B水域风光 | BA河段 | BAA观光游憩河段 BAB暗河河段 BAC古河道段落 |
| | BB天然湖泊与池沼 | BBA观光游憩湖区 BBB沼泽与湿地 BBC潭池 |
| | BC瀑布 | BCA悬瀑 BCB跌水 |
| | BD泉 | BDA冷泉 BDB地热与温泉 |
| | BE河口与海面 | BEA观光游憩海域 BEB涌潮现象 BEC击浪现象 |
| | BF冰雪地 | BFA冰川观光地 BFB长年积雪地 |
| C生物景观 | CA树木 | CAA林地 CAB丛树 CAC独树 |
| | CB草原与草地 | CBA草地 CBB疏林草地 |
| | CC花卉地 | CCA草场花卉地 CCB林间花卉地 |
| | CD野生动物栖息地 | CDA水生动物栖息地 CDB陆地动物栖息地 CDC鸟类栖息地 CDE蝶类栖息地 |
| D天象与气候景观 | DA光现象 | DAA日月星辰观察地 DAB光环现象观察地 DAC海市蜃楼现象多发地 |
| | DB天气与气候现象 | DBA云雾多发区 DBB避暑气候地 DBC避寒气候地 DBD极端与特殊气候显示地 DBE物候景观 |
| E遗址遗迹 | EA史前人类活动场所 | EAA人类活动遗址 EAB文化层 EAC文物散落地 EAD原始聚落 |
| | EB社会经济文化活动遗址遗迹 | EBA历史事件发生地 EBB军事遗址与古战场 EBC废弃寺庙 EBD废弃生产地 EBE交通遗迹 EBF废城与聚落遗迹 EBG长城遗迹 EBH烽燧 |

续表

| 主类 | 亚类 | 基本类型 |
| --- | --- | --- |
| F 建筑与设施 | FA 综合人文旅游地 | FAA 教学科研实验场所 FAB 康体游乐休闲度假地 FAC 宗教与祭祀活动场所 FAD 园林游憩区域 FAE 文化活动场所 FAF 建设工程与生产地 FAG 社会与商贸活动场所 FAH 动物与植物展示地 FAI 军事观光地 FAJ 边境口岸 FAK 景物观赏点 |
| | FB 单体活动场馆 | FBA 聚会接待厅堂（室）FBB 祭拜场馆 FBC 展示演示场馆 FBD 体育健身馆场 FBE 歌舞游乐场馆 |
| | FC 景观建筑与附属型建筑 | FCA 佛塔 FCB 塔形建筑物 FCC 楼阁 FCD 石窟 FCE 长城段落 FCF 城（堡）FCG 摩崖字画 FCH 碑碣（林）FCI 广场 FCJ 人工洞穴 FCK 建筑小品 |
| | FD 居住地与社区 | FDA 传统与乡土建筑 FDB 特色街巷 FDC 特色社区 FDD 名人故居与历史纪念建筑 FDE 书院 FDF 会馆 FDG 特色店铺 FDH 特色市场 |
| | FE 归葬地 | FEA 陵区陵园 FEB 墓（群）FEC 悬棺 |
| | FF 交通建筑 | FFA 桥 FFB 车站 FFC 港口渡口与码头 FFD 航空港 FFE 栈道 |
| | FG 水工建筑 | FGA 水库观光游憩区段 FGB 水井 FGC 运河与渠道段落 FGD 堤坝段落 FGE 灌区 FGF 提水设施 |
| G 旅游商品 | GA 地方旅游商品 | GAA 菜品饮食 GAB 农林畜产品与制品 GAC 水产品与制品 GAD 中草药材及制品 GAE 传统手工产品与工艺品 GAF 日用工业品 GAG 其他物品 |
| H 人文活动 | HA 人事记录 | HAA 人物 HAB 事件 |
| | HB 艺术 | HBA 文艺团体 HBB 文学艺术作品 |
| | HC 民间习俗 | HCA 地方风俗与民间礼仪 HCB 民间节庆 HCC 民间演艺 HCD 民间健身活动与赛事 HCE 宗教活动 HCF 庙会与民间集会 HCG 饮食习俗 HCH 特色服饰 |
| | HD 现代节庆 | HDA 旅游节 HDB 文化节 HDC 商贸农事节 HDD 体育节 |
| 8 主类 | 31 亚类 | 155 基本类型 |

也可以区分为经济开发型旅游景区（包括主题公园、旅游度假区）和资源保护型旅游景区（包括风景名胜区、森林公园、自然保护区、历史文物保护单位）。

## 三、旅游景区事故分类

根据《旅游突发公共事件应急预案》，旅游景区突发公共事件可以划分为自然灾害、事故灾难、突发公共卫生事件和突发社会安全事件而导致的重大游客伤亡事件。

**1. 自然灾害与事故灾难**

自然灾害、事故灾难导致的重大游客伤亡事件包括：水旱等气象灾害；山体滑坡和泥石流等地质灾害；民航、铁路、公路、水运等重大交通运输事故；其他各类重大安全事故等。

（1）自然灾害事件

自然灾害事件可划分为以下两种。

①自然灾害。我国是一个自然灾害比较多的国家，因此自然灾害对旅游业影响也相对较多。根据产生灾害的自然要素不同，自然灾害可分为地质地貌旅游灾害和气象气候旅游灾害。

地质地貌旅游灾害是指由于地质地貌因素发生灾变引起的旅游灾害，主要包括地震、火山活动、地裂缝、地面沉降、泥石流、滑坡、崩塌等。其中破坏性最大的是地震灾害。

气象气候旅游灾害是指由于气象气候因素发生灾害而引起的旅游灾害，包括台风、暴雨、暴风雪、风沙、酷暑、严寒等。气象气候灾害不仅危害旅游交通、游人安全、旅游资源，而且会造成旅游地旅游淡季。

②其他自然因素和现象。这些因素包括缺氧、极端气温、生物钟节律失调等。缺氧和高山反应多发生在海拔较高的旅游地，并可能由此引发肺气肿、脑肿等致命的症状。极端气温主要是指极端高温（如沙漠）和极端低温（如两极和高山）。生物钟节律则表现在航

空旅行中，并可能伴随着疲乏、睡眠障碍、食欲不振现象的出现。其他还有航空旅行所引起的晕动症等。

（2）事故灾害

①道路交通事故。在旅游过程中，旅游交通事故是旅游安全中伤亡最大、影响最大的事件之一，尤其是随着私家车的逐渐普及，自驾车旅游增多，更增加了旅游交通事故的风险。

2006 年 7 月 22 日，38 名北京游客赴吉林长白山旅游，因超车导致与拖拉机相撞，车翻入右侧沟中，导致 2 人死亡、6 人受伤的重大事故。

2006 年 7 月 24 日，20 名北京游客赴内蒙古旅游，旅游车与一卡车相撞，导致 15 人受伤。

2013 年 10 月 6 日，成都一对夫妻自驾游香格里拉与亲友失去联系，10 月 27 日被发现车辆滚落悬崖，该夫妻二人被确认死亡。

②水难事故。指在水体中出现的安全事故，随游轮、竹排等水上交通和水上旅游项目的出现而出现，包括海难、内河（湖）安全事故等。水文景观是我国非常重要的旅游资源。我国不少水文景观旅游地，因地处海、河、湖滨，客观上存在不少水上游览安全隐患。

1999 年 11 月 24 日，“大舜”号滚装船在烟台海域起火沉船，290 人魂归大海，成为震惊中外的烟台“11·24”特大海难事故。

2005 年 3 月 6 日，杭州临安浙西大峡谷景区的剑门关景点发生浮桥侧翻事故。桥上 88 名来自江苏的游客全部落水，其中 5 人死亡，3 人受惊后到医院治疗。

2006 年 1 月 31 日晚 6 时许，一条由 17 名浙江籍游客私自租用出海游玩的渔船，在广东惠州大亚湾附近海域翻沉，17 名游客全部落海，造成 2 人死亡。

③缆车等景区交通事故。缆车索道的建设不仅破坏了自然风景区的原貌，使游客大量集中于容量有限的景区从而导致景观和生态的破坏，而且容易引发安全问题。

1994 年，浙江温州，缆车坠毁，5 人死亡。

1994 年 10 月 2 日，广州从化市天湖上的铁索桥扶手铁链突然断裂，160 多名游客落水，38 人遇难。

1997 年 7 月 26 日，昆明西山龙门索道 110 位游客被困 100 多分钟。

1998 年 1 月 6 日，重庆长江索道缆车失灵，乘客悬空 40 分钟。

1999 年 10 月 3 日，贵州省兴义市马岭风景区发生缆车坠毁特大恶性事故，死 14 人，伤 22 人。

④游乐设施事故。根据《游乐园（场）安全和服务质量》（GB/T 16767—2010），游乐设施是指游乐园（场）中采用沿轨道运动、回转运动、吊挂回转、场地上运动、室内定置式运动等方式，承载游客游乐的现代机械设施组合。例如：滑行车、观览车、转马、空中转椅、碰碰车、光电打靶等。

由于游乐设施的特殊性，一些大型综合、惊险的设施可能存在危及人身安全的隐患，如不加强管理，有可能带来严重的事故。事故量最大的伤害事故类型是机械伤害。其中，高处坠落、跌伤、蹾底、飞甩、夹挤或碾压等伤害的后果严重；而卷绕、绞缠、碰撞、擦伤或剐蹭等一般机械伤害事故经常发生；其他类型事故例如触电，因振动、噪声带来的不适，因失火造成的窒息、烧伤等也时有发生。

1998 年某公园因通风将观缆车吊箱门对面的玻璃拆掉，一名大学二年级学生将头从卸掉玻璃的窗中伸出，由于吊箱与转盘的距离只有 160mm，且相对运动，当吊箱转到一定角度时，学生的头夹在转盘和窗框之间，使颈椎折断造成重伤，送医院后死亡。

1998 年 8 月 30 日，上海闸北公园发生“飞旋转椅”倒塌，造成 1 死 8 伤的恶性事故。经查明，造成这次事故的直接原因是大转盘与大立轴的焊接焊缝开裂所致。这台设备是无生产许可证的产品，承包者进货把关不严；上海游艺机检测站对这台无证产品进行了所谓“目测”之后，即开具了合格证明；另外，负责经营的个体承包者违反规定增加转速，而生产厂家居然同意了他的要求，公园对个体承包者缺乏必要的管理，只问出租场地不问游艺机安全。

2000 年 4 月 16 日，天津市水上公园的蹦极发生事故，2 名中学生摔成重伤，其中 1 名女孩颈椎横断，胸椎压缩骨折，脊髓折断。据初步调查，事故的原因是操作失误，是放绳过早、速度过快所致。

⑤旅游者与（野生）动植物、昆虫等的接触产生的危险。主要在于大型凶猛动物对旅游者带来的伤害与威胁。如热带亚热带海滨时常出现的鲨鱼咬伤旅游者的现象；野生动物园大象踩死游客；其他如有毒昆虫、植物等也容易导致旅游者的皮肤疾病或身体伤害，澳大利亚就经常发生毒蜘蛛和毒蛇咬人事件。

2010 年 6 月 13 日，来自陕西合阳县一对父子非法进入西安动物园猛兽区之虎区，该父亲被放养的老虎当场咬死，儿子获救。

世界卫生组织指出，不少国家缺乏应对毒蛇咬伤的药品和医疗措施，全世界每年至少有 10 万人被毒蛇咬伤后死亡。

⑥火灾与爆炸。旅游景区火灾、爆炸事故主要发生于景区周边酒店、宾馆等场所，同时一些古建筑、山区也曾发生过火灾。虽然旅游业中因火灾与爆炸死亡的人数低于旅游交通事故，但是火灾（与爆炸）往往造成严重的后续反应，如基础设施破坏、财产损失等，甚至造成整个旅游经济系统的紊乱。

2000 年 1 月 29 日，南京某购物中心发生重大火灾，死亡 2 人。调查中，曾经碰到火灾的旅游者 5 人次，占 2. 7%；发生或处理过火灾事故的旅游部门有 6 个，占 5. 4%。

2005 年 12 月 18 日凌晨，安康市香溪洞风景区突发火灾，20 余亩林地被烧毁。

2014 年 1 月 11 日，云南省迪庆藏族自治州香格里拉县具有“月光城”之称的独克宗古城被大火烧毁。

⑦其他安全问题。除了上述事故形态外，旅游安全表现形态还包括其他一些特殊、意外的突发性事件。

2003 年 9 月 28 日上午，一名游客随旅行社的导游游览宝掌幽谷景区的宝掌禅寺时，径自上景点区内由个体户设置的吊床上休息，不慎从该吊床上跌下受伤。

2006 年 1 月 4 日，深圳一些市民选择到龙岗区排牙山、东冲等处登山庆祝元旦，4 名青年男女于当天中午从葵涌街道坝光村后侧登上排牙山游玩，后因天黑能见度低，山路险峻曲折，迷失了方向。龙岗警方立即组织 6 名民警、12 名治安员上山搜救。

2006 年 2 月 7 日，几位游客在哈尔滨郊区某个体滑雪场滑雪游玩时发生人员相撞致受伤的事故。

**2. 公共卫生事件**

突发公共卫生事件造成的重大游客伤亡事件包括：突发性重大传染性疾病疫情、群体性不明原因疾病、重大食物中毒，以及其他严重影响公众健康的事件等。

（1）疾病、食物中毒

疾病、中毒、旅途劳累、旅游异地性导致“水土不服”和客观存在的食品卫生问题等可能诱发旅游者的疾病或导致食物中毒。食品卫生的安全问题主要表现在食物中毒。

1990 年 9 月 8 日，上海某宾馆客人集体性食物中毒。

1998 年 9 月 9 日，泉州国内旅交会上，某星级饭店因提供不新鲜的“土笋冻”而造成了多位客人肠道感染。

2001 年 5 月 3 日，浙江某旅游团前往昆明、九寨沟旅游途中在饭店饮食后集体出现呕吐、发烧、腹痛、腹泻等情况。

食物中毒的主要原因是：食品生产经营者疏于自身食品卫生管理，对食品加工、运输储藏、销售环节的卫生安全不注意；滥用食品添加剂或者将非食品原料作为食品销售，误食亚硝酸盐、河豚、毒蘑菇和鼠药污染的食物。

（2）流行性疾病

指传染性疾病在旅游者中间发作的可能性及其对旅游者的危害。

与旅游活动有关的环境疾病中最具威胁的多为热带地区的环境所特有的疾病，如疟疾、登革热等。其他环境因素引发的问题还有水土不服等。2003 年在我国出现的非典型性肺炎就对旅游者带来了很大的威胁，从而使众多旅游者取消了行程。

**3. 社会安全事件**

突发社会安全事件特指发生重大涉外旅游突发事件和大型旅游节庆活动事故。例如：发生港澳台地区和外国游客死亡事件，在大型旅游节庆活动中由于人群过度拥挤、火灾、建筑物倒塌等造成人员伤亡的突发事件等。

（1）人群事故

景区里人员较多，较易聚集在一起，因此，在有些时间段内，有些景区可能出现参观人员超过最大人群容量的现象。一旦容量超出了景区硬件环境支持的能力和管理调度指挥的承受能力，将有可能产生风险。在旅游景区本身的规划能力能够基本满足的情况下，在管理指挥较强的前提下，同样的条件容量问题就能得到缓解。容量与硬件、指挥、队伍本身有很大的关系，因此科学地规定一个基本的容量，建设好的运营队伍和管理、指挥制度，是在一定的容量条件下保证安全的重要前提。

游客量过大将会引发很多危险，主要有：

①拥挤踩踏。踩踏是指在人员密集场所中，由于现场秩序失去控制，发生拥挤、混乱，导致大量人员被挤伤、窒息或踩踏致死的事故。踩踏事故是人员密集地可能发生的最严重事故之一，其后果往往不堪设想，经常会造成大规模的人身伤亡、财产损失，有着极其严重的社会影响及国际影响。在历史上，几乎每年都会发生类似事故，其中很多事故至今仍留给我们悲伤的回忆，也给所有旅游景区企业单位、周边饭店、宾馆等有可能造成人员密集的单位做出了警示——避免人员过分集中，并做好相关预防措施。

黄金周期间，旅游景区往往人群密集，易引发踩踏事故，如

1991 年山西太原市迎泽公园“煤海之光”灯展，10 万人涌进了只能容纳 4 万人的公园，在通过一座石桥时发生人群秩序混乱、互相挤压，造成 106 人死亡，98 人受伤；2004 年 2 月 5 日，北京密云密虹公园元宵灯会踩踏事故，造成 37 人被踩死，24 人受伤。

2014 年 12 月 31 日 23 时 35 分许，正值跨年夜活动，因很多游客市民聚集在上海外滩迎接新年，黄浦区外滩陈毅广场进入和退出的人流对冲，致使有人摔倒，发生踩踏事故，受伤者多为女性，学生居多。截至 2015 年 1 月 2 日 16 时，上海外滩陈毅广场踩踏事故共造成 36 人死亡，49 人受伤。

②其他。人员过多，拥挤往往是诱发其他事故的诱导因素。游人的增加可使原本能正常运行的设备、运营场所不能正常工作，甚至对原有的场所、秩序、设备造成破坏，对游人及工作人员造成危害。同时也使得任何微小的不安全因素，甚至是原本不存在安全隐患的因素的危险性增大，引起事故。例如，人员过多或局部密集，当其超过建筑物的承载能力时，就有可能破坏原有建筑的结构，引发事故；或者人员过于密集，某些设施不能满足现有游人的正常使用，使得部分游人违反正常游览参观秩序，造成事故。

（2）犯罪

虽然对犯罪与旅游的关系学术界至今仍有争论，但由于犯罪给旅游者带来创伤的严重性和影响的社会性，使其成为旅游安全中最为引人注目的表现形态之一，并在很大程度上威胁到旅游者的生命、财产安全。国内外学者对旅游与犯罪给予了广泛关注，并把犯罪作为旅游的社会文化影响之一。

旅游活动中存在的犯罪现象数量众多，其中尤以侵犯公私财产类的偷窃和欺诈为最多。1998 年 5 月 31 日，泉州鲤城区江滨公园发生持刀抢劫、强奸、杀人案；1998 年 9 月 9 日，一青年女游客夜宿霞浦县三沙镇“亚丹招待所”遭抢劫、强奸；1998 年 11 月 23 日凌晨，福安东方大酒店一客人被抢劫 3000 元现金及价值 3 万多元的物品；2003 年 10 月，中国科学院院士周某受亲友之邀偕妻子赴海南省海口市旅游考察时，遭 5 名抢匪打劫，周某因伤势过重死亡，其妻被当场打昏。

## 四、旅游景区事故的特点

由于旅游业的自身特点，旅游景区事故也有其自身的特征。主要表现为以下几点。

**1. 广泛性**

旅游活动涉及景区的诸多方面，而旅游安全问题广泛存在于旅游活动的各个环节中，几乎所有的环节都有安全隐患存在，都曾出现过旅游安全问题。

旅游安全与旅游社会人口学特征息息相关，几乎任何类型的游人都可能面临旅游安全问题的“光顾”。

除旅游者外，旅游安全还与旅游地居民、旅游从业者、旅游管理部门以及包括公安部门、医院等在内的旅游地各种社会机构相联系。

由此可见，旅游安全是一个复杂的社会系统，建立由社会各部门参与的社会联动系统是旅游安全管理的重要而有效的措施之一。

**2. 巨大性**

旅游安全问题造成的危害和破坏巨大。不安全不仅使旅游者蒙受巨大的经济和名誉损失、遭受生命威胁，而且进一步从社会安全角度看，将可能造成旅游企业的财产损失，从而使整个社会遭受巨大的损失，严重时还会影响旅游安全问题发生地全部旅游企业的发展甚至危害到国家的形象和声誉。

**3. 复杂性**

旅游活动是一种开放性的活动，而旅游景区企业正是为这种开放性活动提供各种服务的企业。例如，旅游饭店作为一个公共场所，每天有大量的人流，鱼龙混杂，因此，饭店安全管理涉及的环节和人员复杂而众多。所以，旅游安全工作呈现出极大的复杂性，除防火、防食物中毒外，更要防盗、防暴力、防各种自然及人为灾害等。

**4. 特殊性**

旅游活动中，游人为了追求精神的愉悦与放松，常常对安全防范有所放松，因此，旅游过程中发生的各类案件与事故不同于一般的民事、刑事案件，也不同于其他行业的安全问题，有自己的规律性和特殊性。

**5. 突发性**

发生在旅游活动中的各种安全问题，往往带有突发性。例如，旅游活动中的许多安全问题都是在极短的时间内、在毫无防备的状况下发生的。旅游中的自然灾害也具有突发性。因此，这就要求各旅游管理部门、旅游企业、旅游从业人员在平时要有处理各种突发事件的准备。只有这样，才能在发生突发旅游安全问题时临危不惧。

## 五、旅游景区事故影响

旅游业是一个对产业环境十分敏感的产业，一个地区的旅游系统容易受到内外部环境中各种危机事件的影响，使旅游行业的运行秩序被打乱，旅游企业的经营活动受到干扰，旅游设施遭到破坏，旅游目的地形象受到损害，从而影响旅游者的旅游愿望和出游行为，并且影响到旅游业相关的建筑业、商贸、交通等行业的发展，进而对整个区域社会经济的发展带来影响。一方面，受到安全问题侵害的游客可能不会再次选择该目的地；另一方面，这些游客对负面信息的传播也会影响到他们周围的许多人，使那些潜在的游客闻而却步。

**1. 旅游景区事故的直接影响**

(1) 游人数量减少

旅游业脆弱性的最直接表现形式是旅游者数量的非常规性减少。以“9·11事件”为例，世界旅游组织估算，“9·11事件”发生后的 4 个月内全球国际旅游人次比历史同期下降了 11%，其中美洲地区下降 24%，中东地区下降 30%；2004 年初始，受马来西亚、泰国、日本、新加坡、菲律宾 5 个亚洲国家的禽流感影响，我国 2004 年初期的入境旅游人数也出现大幅度下滑。

（2）旅游收入减少

伴随着游人人数下降而来的，是旅游收入的减少，而旅游收入的减少又将危及旅游景区，尤其是规模小、结构单一、市场竞争力弱的景区单位的生存。同时，面临突发的公共安全问题，由于旅游人数的减少，旅行社的营业收入也相应下降，一些旅游的团队甚至被迫取消。旅游业的连带性特点使得它在面对公共安全问题带来的冲击的同时，其他的相关产业也受到了影响。根据《国民经济行业分类与代码》中所确定的行业，与旅游业相关程度较大的有运输业、零售业、餐饮业、娱乐服务业。例如：SARS 病毒在中国的传播，使本已处于微利状态的国内旅游行业的经营更为艰难。

（3）旅游资源破坏

自然灾害、火灾、爆炸、恐怖事件等突发事件发生时，旅游资源、旅游接待设施和道路交通等基础设施均可能遭到毁坏。尤其对古建筑而言，一旦发生火灾，那些存于世间已逾百年甚至千年的文物古迹均可能毁于一旦，损失巨大。如 2004 年 6 月 20 日，始建于元代的京城皇家巨刹护国寺西配殿发生火灾，原因是服装厂变电箱起火，过火面积 187 平方米，经历了 700 多年风雨的西配殿在熊熊大火中被烧得面目全非，只剩下断壁残垣。

（4）旅游环境污染

环境污染对产业的影响通常比较滞后，也有极端的例外。西班牙加利西亚海岸，因险峻陡峭的海岸沙滩景观、宜人的气候以及丰富的生物资源，成为欧洲著名的避暑胜地。2002 年 11 月 13 日“威望号”油轮的燃油泄漏事故，使这片海域遭遇严重污染，当地旅游业立即陷入停滞状态，在短期内难以实现复苏。

**2. 旅游景区事故的间接影响**

（1）旅游地形象受损

特殊事件本身往往具有偶然性和短效性，对经济的直接影响也并不严重，但事件处理方式的不当可能招致更为严重的后果。譬如信息传递的不及时、不准确，将使旅游者产生怀疑和恐慌，也使旅游地的形象受损，这对旅游经济造成的负面影响虽然不直接却是长期的。

（2）连带影响

旅游业属劳动密集型行业，在旅游淡季和特殊事件发生期间，常常出现大量旅游从业人员的闲置和低收入现象，这容易造成人力资源的浪费和不良情绪的滋生。旅游人数和旅游收入的减少，也可能造成从业人员的流失、企业的非直接营利性工作因资金不足而停滞不前，进而导致企业在复苏阶段到来时难以把握机会。

## 第二节　旅游景区事故预防

对旅游景区突发事件的预防是为了预防、控制和消除景区事故对景区资源、人民群众生命财产安全、环境、文物等的危害所采取的行动，目的是减少旅游景区突发事件的发生，消除或者减少旅游景区事故的危害和损失。

旅游景区突发事件的预防有两层含义：一是旅游景区突发事件的预防工作，即通过旅游景区安全管理和安全技术，尽可能地防止旅游景区突发事件的发生，实现本质的安全；二是在假定旅游景区突发事件必然发生的前提下，通过预先采取预防措施，来降低或减缓事故的影响或后果严重程度，如加大建筑物的安全距离、增强建筑的防火性能、增设安全设施以及开展公众教育等。从长远观点来看，低成本高效率的预防是减少旅游景区突发事件损失的关键。

## 一、旅游景区事故的成因

事故是指违背人的意志而发生的意外事件。由于事故具有突发性、偶然性、破坏性和复杂性等特征，一旦在旅游活动过程中发生，必将威胁到游客安全。如：广州从化天湖“10·2 铁索桥断裂事件”、青岛崂山“洪水冲走大学生事件”、2001 年 8—9 月四川九寨沟系列旅游灾害事件、2003 年四川丹巴“7·11 特大泥石流致上海游客遇难事件”、2004 年元宵夜“北京密云灯展踩踏事件”等均在国内外引起了极大的反响。

### 1. 旅游景区事故原因分析

导致旅游景区安全事故的因素是多种多样的，但概括起来，主要有以下几类。

(1) 自然条件

各种自然灾害的发生主要与构成自然地理环境的六大要素有关，其中，地质构造、地貌条件、气象气候、水系水文及植被条件等对自然灾害的形成影响最大。由于这一系列综合因素的影响，可以导致诸如地震、火山爆发、暴雨、洪涝、滑坡、崩塌、泥石流、台风、海面上升、土地退化等自然灾害的发生。这些自然灾害如果发生在旅游区，就有可能导致旅游灾害的出现。像风景如画的西南山区，许多河谷地带都具备大型滑坡、泥石流发生的良好基础条件，而降水集中的夏季又恰值旅游旺季，大量游客前往九寨沟、稻城、丹巴、香格里拉、泸沽湖、长江三峡、乌江画廊等地游览，途中或到达目的地后，如果突遇暴雨，滑坡、泥石流极易被触发，稍有不慎，就会引发旅游灾害事故。2003 年四川丹巴“7·11 特大泥石流致上海游客遇难事件”即为一典型案例。部分凶猛野生动物、有毒植物、昆虫等也对旅游者形成一定威胁。

(2) 旅游者行为

部分游客刻意追求高风险旅游行为，增大了事故发生的可能性。在实际旅游活动中，个别游客常常不顾生命安全而去寻求一种危险刺激，包括极限运动、峡谷漂流、探险旅游、野外生存等在内的一批惊、险、奇、特旅游项目成为流行时尚。然而，追求过分强烈刺激的代价往往是旅游者人身安全保障的牺牲，如2000年8月26日浙江天目溪漂流事故导致一人死亡；同年10月5日，江西三爪仑森林公园漂流事故造成一名大学生游客溺水身亡。这类高风险活动对旅游者和旅游经营者均有极高的要求，游客自身失误或任何一丝管理疏忽即可导致人身伤亡事故的发生。此外，旅游者无意识进行的一些不安全行为也会引发安全事故，如烟头的随意扔弃、干旱季节里的野炊、野外烧烤等行为可能引发山林大火；误入泥泞沼泽地、有瘴气的山谷或大型食肉目动物、毒蛇及部分猛禽经常出没的地方而意外丧生。

此外，游客在旅游活动中的一些不文明行为往往也会成为安全隐患，如烟头的随意扔放、不合理的野炊和烧烤活动等常常引发火灾。1972年黄山天都峰因游客乱扔烟头，引发火灾，毁林约30 km²，一些珍稀树种损害相当严重，这就是很好的例证。另外，旅游者为了实现挑战和超越自我，倾向于一些带有刺激性和挑战性的体育旅游项目，如攀岩、蹦极、探险等，这些项目本身就具有一定的危险性，极易导致游客伤亡事故的发生。

（3）景区开发、安全管理不当

①旅游开发不当。旅游资源开发利用是否恰当也会影响旅游灾害事故的发生，如在有些极易发生某种自然灾害的地区和时间内开展旅游活动，灾难常常从天而降，令旅游者猝不及防。2003年四川丹巴“7·11特大泥石流事件”就是一个典型的例子。丹巴县位于大渡河支流大金川和小金川交汇处，此处地质构造活跃，岩石破碎，夏季遭遇强降雨时极易发生泥石流，但这里风景独特，犹如世外桃源、人间仙境，因此近年来到此旅游的人络绎不绝，发生旅游灾害

事故可以说有其必然性。

②旅游管理不善。加强旅游景点景区的管理，可以防止旅游灾害事故的出现。十年来发生在我国的几起重大旅游安全事故，如前述发生在千岛湖、从化天湖、崂山、上海闸北公园及北京密云的安全事故等都与各景点景区的不良管理有关。

③安全意识淡薄。一方面，旅游景点景区工作人员与管理者的安全意识不强，对早已存在的安全隐患视而不见，不顾景点景区及各种设施的极限容量，超量接待游客，或盲目扩大经营范围，在旅游旺季将开发尚未完工的景点、设施设备投入使用，使发生旅游事故的可能性增大；另一方面，游客自身的安全意识淡薄，无视景点景区的安全标识和各种安全管理条例等，也是造成意外事故的主要原因之一。

④应急措施不力。当旅游灾害事故发生时，灾害应急措施不力，以及旅游从业人员应急处理不当，也是造成灾害损失加重的重要原因之一。尤其是一些严重的突发性事故，如能做到紧急救治和有序调控，事态将会得到最大程度的控制，伤亡人数、经济损失都会降低到最低程度。

⑤缺乏灾害预见性。旅游业从业人员对各种灾害的发生缺乏应有的预见性，也是诱发旅游灾害和加重灾害损失的主要因素之一。旅游者来自不同地区，对景区自然环境、人文环境不熟悉，往往对即将发生的灾害浑然不觉，此时接待地的旅游从业人员如能及时地预见灾害发生的可能性，及早采取防范措施，向游客宣传避灾逃生、自救互救的措施和方法，则许多旅游灾害事故都可以避免发生。即使不幸发生了灾害事故，只要能沉着冷静、正确及时地处理好，受灾程度也会大大减小。

（4）社会环境

①经济发展水平。经济发展水平可以间接地影响到旅游安全，如经济发展水平可以决定当地的旅游设施、服务水平，而相关设施

的不完善、服务水平的落后则是造成景区安全事故的重要原因。

②民风民俗差异。旅游者与旅游地居民之间因民风民俗的差异引起相互之间的误会导致冲突发生，引发旅游灾害事件的事例也屡见不鲜。

③受教育程度。旅游地居民受教育程度的高低直接影响着当地的居民素质和社会风气：居民有相当的文化程度和良好的文化修养，则可能表现出该地社会风气良好，居民待客热情友好，旅游服务规范，游客与当地居民相处和睦，极少发生旅游冲突，安全保障系数高；相反，则有可能出现旅游地居民只看重旅游者的钱财，采取种种恶劣手段，骗取或抢夺旅游者财物，引起双方的矛盾冲突，引发旅游灾害事故。

**2. 旅游景区事故发生机制**

（1）管理失误对环境和行为造成的影响

管理失误对旅游环境和旅游者的行为造成的不安全影响主要表现为两个方面。一是加重了旅游环境的不安全。大规模的旅游开发在一定程度上破坏了旅游地的山体、水体、大气、动植物群落及其他生态环境，引发了一些自然灾害。如建筑工程开挖引发山体滑坡、岩石崩塌；旅游设施建设中大量砍伐树木导致水土流失加剧，遇上暴雨最终形成泥石流等。这些自然灾害已成为旅游活动中的安全隐患。二是加剧了旅游行为的不安全。防护设施的不完善或疏于管理均会诱发部分游客越过安全限定范围，或进行本该加以严格限制的行为（如群集行为），使自己处于危险境地。如 1993 年 10 月 3 日，钱塘江口萧山段数百人聚集于根本不是观潮点又无人维持秩序的地段候潮，被沿坝袭来的一股暗潮卷下江口，致使 50 人死亡、数十人失踪。

2001 年 4 月 8 日，在陕西华阴市一通往华山西山门的人行涵洞中，发生游人拥挤踩踏死亡事故，造成 17 人死亡、5 人受伤的惨剧。

（2）环境对旅游者行为的影响

在实际旅游活动中，旅游环境状态与旅游者行为之间存在双向影响，且两者互为因果关系。

环境的不安全状态会干扰旅游者的正常思维，使其失去应有的判断能力，刺激并诱发旅游者产生不安全行为，从而加剧安全事故的危害程度。如在火灾中经常有人在混乱中因浓烟窒息或在通道处被人群踩踏致死，甚至出现跳楼摔伤致死事件。反过来，旅游者的不安全行为也会加剧环境状态的不安全程度，引发新的不安全环境状态出现。如森林野外用火、人群的过分拥挤等不安全行为极易酿成事故悲剧。1987 年 2 月 12 日，黑龙江双鸭山北秀公园因游客过多挤垮人行天桥桥栏而挤死摔死游客 47 人。1994 年 10 月 2 日，广东从化市天湖公园铁索桥因游客严重超载使其铁索链断裂，致使 38 名游客落水身亡。

**3. 事故分析**

以江西三爪仑森林公园漂流事故为例进行分析。该事故发生的简要经过为：当时公园内游客爆满，一条核载 2 人且只配备 2 件救生衣的漂流皮艇挤上了 4 名游客，船工系其他部门抽调而来。皮艇在漂流过程中撞击岩石后翻沉，造成游客溺水身亡，后公园赔付游客人民币 14 万元。

从成因方面来分析，在该案例中，麻痹大意、管理失误是导致事故发生的首要原因。管理失误加剧了环境的不安全状态，具体表现在三个方面：第一，专业工作人员缺乏，临时抽调其他人员充任船工角色，由于驾驶技术不过关而不能及时有效避开危险物；第二，河段中的危险地段未加整治，增加了漂流危险性，导致皮艇撞击河岸岩石后翻沉；第三，救生设施准备不足，船翻时 4 人中 2 人无救生衣可穿，最终导致 1 人溺水身亡。

同时，管理失误加剧了游客的不安全行为，成为事故发生的又一重要原因。由于人多船少，等待时间长，游客采取了极不安全的“抢船、抢漂”行为。核载 2 人的漂流皮艇挤上了 4 名游客，船只的安全行驶系数大大降低。游客对安全的漠视将自己推入危险处境之中，最终酿成苦果。

从发生机制来分析，当漂流环境状态的不安全（无物质保障、无技术保障）与游客的不安全漂流行为（超载、不穿救生衣的冒险漂流）相结合时（环境和行为在同一时空交叉相遇），三个事故要素同时具备，安全事故随即发生。在该案例中，起因物是“游客落水”这一事件，加害物是“水”这一危险物。溺水严重干扰了人体的正常呼吸以及人体与体外环境的正常能量交换，最终导致人体（有机体）死亡。

## 二、旅游安全管理对策

### 1. 消除旅游环境安全隐患

（1）清除旅游环境中的危险物

旅游管理者必须对安全隐患逐一进行排查，清除一切有碍于车辆及行人通行的各类路障，随时剔除游道旁松动的岩石、崩石等山体危石，防止出现飞石意外伤人事故；在开展水体旅游活动时须清除水域中的暗礁、水底树桩、违章建筑等妨碍船只正常航行的物体，减少船只颠覆的可能性；在火灾易发季节要清除风景区内森林中的枯立木、风倒木等过多的易燃物，排除一切火患，降低火灾发生的概率。

（2）完善旅游安全保护设施

在旅游活动中，完善可靠的安全保护设施必不可少。尤其是在某些危险景点和危险路段必须设置牢固可靠的护栏、护墙或铁链，且随时加以检查、维修和完善。

（3）加强旅游区的社会治安管理

由旅游管理部门牵头，政府相关部门出面，联合公安、武警、边检、边防、交通、通信、水利、电力、消防、工商、卫生、保险等各个部门，建立旅游安全联动系统。加强对旅游地的旅行社、旅游饭店、旅游车船公司、旅游景区景点、旅游购物商店、旅游娱乐场所和其他旅游企业的安全管理。

**2. 减少旅游者的不安全行为**

（1）警告旅游危险

任何一项旅游活动，管理部门必须合理限定游客的活动范围和空间。工作人员（含导游员）应明确告知游客不准超越规定的景点、游览路线及范围。在景点及道路危险处设置标示牌、警告牌等明显标志，提醒游客加以重视。如果可能的话，在旅游手册及门票上注明景区内可能存在（或发生）的危险。

（2）加强旅游巡视

旅游景区管理部门可借鉴国内外的有关经验，设立联防大队或旅游警察，及时劝阻、制止、纠正游客的一切危险行为。在旅游高峰期内对各主要景区和游道加强巡逻密度和力度，将安全事故消灭在萌芽状态之中。

（3）灾害预报

旅游管理部门与气象、水利、地质等部门通力合作，及时准确地获取洪水、泥石流、地震、火山爆发以及大风、暴雨、冰冻等各种灾害性天气预报，并预告由此可能引发的各种严重危及旅游安全的自然灾害。管理部门在积极采取安全保障应对措施的同时，把自然灾害可能会给旅游活动带来的不便和危险告知旅游者，使之提高警惕，减少各种安全事故的发生。

（4）加强对游客的宣传教育

利用社会公共宣传来加强对公民（游客）的安全意识教育，强化安全心理训练，培养良好的心理素质。通过景区导游讲解系统使游客具备必要的安全知识和自我保护意识，以便游客在面对突发事故时保持冷静，从容得当地实行自救。

**3. 增强旅游管理人员的安全意识**

（1）增强安全隐患意识

在所有的旅游活动当中，危险因素无处不在、无时不存。一旦时机适合，安全事故随即发生。这就要求管理者摒弃侥幸心理，随时随地保持安全意识，切实加强并落实旅游安全管理工作。

(2) 树立全新的安全管理理念

“安全第一、秩序第二、效益第三”应作为经营管理首要目标。部分旅游经营者往往从省钱角度出发，尽可能地减少安全管理所需设备、资金，其结果却得不偿失。因为安全事故不仅带来巨大经济损失（巨额赔偿），还对旅游地造成极坏的社会影响。从长远来看，安全管理所带来的经济和社会效益回报远大于其初期经济投入成本，因而安全管理也是一种生产力。

(3) 树立“主动预防”的安全理念

管理者必须走出“保险”认识误区，积极消除安全隐患，变被动预防（保险）为主动预防，从而杜绝事故的发生。

(4) 树立“安全管理常抓不懈”的理念

严禁出现走过场、应付检查之类流于形式的安全管理工作，走出治标不治本的循环怪圈。

**4. 增强救援能力**

旅游救援是指在发生旅游意外事故时为旅游者提供紧急救护和援助。从“事故三要素”的角度出发，救援工作可以看作是一种“转移时空”的行为：当旅游环境中危险因素不可控制，旅游者身处个体无法避免或无力抗拒承受伤害的危险环境时，无论是游客的逃生、避难行为还是有关部门组织的紧急疏散、撤退等救援行动，其目的都是将旅游者转移出不安全的环境空间，消除环境和行为的时空交叉，从而避免安全事故的发生。

安全管理部门要增强自身的事故救援能力，针对旅游地可能发生的安全事故，提出科学合理的事故应急预案及疏散避难对策，在自然灾害频发地建设临时避难场所并相应提供简单有效的救生防护设施以备不时之需。其目的是通过游客早期自救为后续救援工作赢取时间，争取将事故损害降低到最小。在开展特殊旅游项目时，必须事先制定周密的安全保护计划和急救措施，并报请相关部门审批后方可营业，切不可盲目上马。另外，相关部门应组织工作人员定期、不定期地进行旅游救援演练，熟悉救援程序，掌握相关技术规范及技能要领，以便在事故发生时为游客提供及时、有效的救援。

**5. 其他**

（1）针对旅游灾害发生的基础条件，提出的相应措施有：做好旅游区地质地貌、气象水文和植被等全方位的调查，完成相应的灾害区划工作，在灾害多发区建立健全灾害预警系统，努力发展经济，提高区域生产力水平，保障社会安定，提高旅游区居民的文化素质，帮助他们建立正确的旅游态度，让游客及时了解旅游地的民风民俗。

（2）针对旅游灾害的诱发因素，提出的相应措施有：合理开发旅游资源，完善旅游管理，加强对旅游工作者和游客的安全教育，建立应急系统，培养旅游从业人员良好的灾害意识和灾害预见能力。

## 第三节　旅游景区交通事故预防

旅游交通事故是旅行安全最主要的表现形态，也是旅游活动各环节中影响最大、发生频率最高的不安全事件之一。按照交通工具形式，旅游交通事故可分为：

①道路交通事故。指游人乘坐汽车、火车而发生的撞车、翻车等车祸以及车祸后发生的爆炸与火灾而引发的不安全事故。

②水难事故。指在海域或江、河、湖面乘坐轮船、游船、汽艇等水上交通工具而引发的翻船、沉船等危及人身、财产安全的事故。

③航空事故。指乘坐飞机而引发的不安全事故。

本书主要针对水上交通和道路交通提出防范措施。

血的教训

1. 安康一中巴车坠入 90 米深崖 6 人亡 13 人伤

2006 年 8 月 23 日上午，在安康市汉滨区早阳至包河公路发生一起重大交通事故。一辆中巴车坠下 90 米深的悬崖，当场造成 6 人死亡、13 人不同程度受伤。

2. 福建三明交通事故 1 死 3 伤

2006 年 3 月 3 日凌晨 5 时，建宁县往泰宁方向路段发生一起旅游车交通事故，造成司机当场死亡、3 人被夹在车内不同程度受伤。

## 一、道路交通安全管理

### 1. 旅游汽车交通安全影响因素

车辆的使用性能和技术状况与交通安全有着密切关系，车辆中驾驶员座位的舒适性，操纵机构的适应性和轻便性，驾驶室视野，灯光、喇叭等信号设备和车辆的安全防护设施也直接影响交通安全。

道路环境包括道路构造、安全设施、交通环境（交通设施、交通管理等）和自然环境（气候、昼夜、沿线地形地貌）等。

知识链接

《旅游景区质量等级的划分与评定》（修订）（GB/T 17775—2003）5.1AAAAA 级景区 5.1.1 旅游交通：

1. 可进入性好。交通设施完善，进出便捷。或具有一级公路或高等级航道、航线直达；或具有旅游专线交通工具。

2. 有与景观环境相协调的专用停车场或船舶码头。管理完善，布局合理，容量能充分满足游客接待量要求。场地平整坚实、绿化美观或水域畅通、清洁。标志规范、醒目、美观。

3. 区内游览（参观）路线或航道布局合理、顺畅，与观赏内容联结度高，兴奋感强。路面特色突出，或航道水体清澈。

4. 区内应使用清洁能源的交通工具。

### 2. 驾驶员安全管理

从世界范围看，道路交通事故造成的死亡人数甚至多于战争，造成的经济损失占各国 GDP 的 1%～3%。许多道路交通事故的教训表明，驾驶员安全知识的缺乏和安全意识的薄弱是诱发道路交通事故的重要原因。

驾驶员的安全管理主要通过行车安全的标准与制度来控制和管理。

（1）驾驶员安全管理标准

驾驶员安全管理标准主要有：驾驶员心理、生理检查标准；岗前、岗位培训考核标准；驾驶员的仪容、仪表标准；驾驶员的文明服务标准；驾驶员例行维护所驾车辆标准；驾驶员安全驾驶操作标准（规程）等。

旅游汽车企业应参照交通法规有关规定，结合旅游汽车企业的特点和实际情况，认真制定好以上标准，并在驾驶员的安全管理中严格执行。

（2）驾驶员安全管理制度

驾驶员安全管理制度是旅游汽车企业交通安全管理制度的重要组成部分，它是以驾驶员岗位责任制为中心的一系列管理制度，也是旅游交通企业进行交通安全管理的手段。

驾驶员安全管理制度主要有：驾驶员的岗位责任制度；驾驶员的教育与审验制度；驾驶员的心理、生理的定期检测制度；驾驶员的劳动、卫生、保健制度；驾驶员的车辆例行保养制度；驾驶员的安全公里考核统计制度；驾驶员的安全行车奖惩制度；驾驶员的安全行车监督检查制度；驾驶员的违章、肇事处罚制度；道路交通事故报告与处理制度；驾驶员的安全技术档案建立制度等。

旅游汽车企业要广泛听取专家和群众的意见，结合自己的实际情况制定和完善上述各项制度，以保证旅游交通的安全。

知识链接

北京市旅游局要求，各旅行社要对在用车辆进行一次安全大检查，凡无旅游运营资质的车辆一律禁止接待旅游团队，严禁故障车、带病车、尾气超标车上路；对驾驶员集中进行一次安全教育，凡身体状况、精神情绪影响行车安全的坚决停用。并特别规定，一天行驶 500 公里以上的旅游车必须配两名司机，严禁疲劳驾驶。

近年来，无论是有组织的自驾游车队还是散兵游勇的自驾游者，都曾出过严重的交通事故。自驾游俱乐部的策划人士认为：自驾游不同于一般的游山玩水，应该看成是对驾驶能力的全面考验，尤其是不走常规道路的自驾游客，随时面临驾驶、认路、应变意外的挑战，如果轻率上路，往往会出事。

### 3. 汽车运行安全管理

旅游车辆在运行管理中，必须建立车辆运行安全管理标准和制度，车辆运行安全才能得到保障。

(1) 车辆运行安全管理标准

车辆运行安全管理标准主要有：车容、清洁标准；车辆安全部件维护、修理质量检验标准；车辆安全附属设施质量标准；车辆年度检验标准；车辆安全运行技术条件；车辆尾气排放标准；车辆噪声限制标准；安全检验设备与仪器检验标准。

(2) 车辆运行安全管理制度

车辆运行安全管理制度是与驾驶员安全管理制度并存的另一套重要交通安全管理制度，主要包括：车辆索赔、保险制度；车辆维护、修理质量检验制度；车辆技术状况定期检查评比制度；车辆年度检验制度；安全检测设备、仪器检验制度；车辆安全技术档案制度；车辆固定专人保管、使用与替班审核制度；车辆运行安全检查制度。

(3) 车辆运行安全检查制度

车辆运行安全检查制度主要有：车辆日常运行的“三勤三检”制度；每日例行检查与安全否决制度；节前安全大检查制度；干部跟车上路检查安全行车制度；执行重大任务和负责大型旅游团队接待任务的驾驶员和车辆的审核、检验及行车途中管理制度；新开旅游线路和景点的先行试路制度等。

**4. 公众参与**

公众参与从社会学角度讲，是指社会群众、社会组织、单位或个人作为主体，在其权利义务范围内有目的的社会行动。预防交通事故引发旅游景区中的公众参与是交通管理部门、交通运输机构同公众之间的一种双向交流，其目的是减少或者消除交通运输过程中对公众利益构成的危害或威胁，以取得经济效益、社会效益、环境效益的协调统一。公众参与程序可使交通管理措施更具合理性、实用性和可操作性；公众参与过程也体现了交通管理工作和有关部门对公众利益和权利的尊重，有利于提高人民群众的交通安全意识。

**5. 加强交通安全法律法规的宣传和贯彻**

针对道路交通安全运输，我国已经制定了一些交通安全的法规、政策，见表1—2。加强法制教育和宣传贯彻是预防此类事故的一个重要途径。

**表1—2　　我国交通安全相关法规、政策一览表**

| 序号 | 法规政策文件名称 | 文件编号 |
| --- | --- | --- |
| 1 | 中华人民共和国民用爆炸物品管理条例 | 国务院1984年1月6日颁布 |
| 2 | 道路交通安全违法行为处理程序规定 | 公安部令第69号，2004年 |
| 3 | 交通事故处理程序规定 | 公安部令第70号，2004年 |

续表

| 序号 | 法规政策文件名称 | 文件编号 |
|---|---|---|
| 4 | 营运客车类型划分及等级评定 | 交通行业标准 JT/T 325—2002 |
| 5 | 高速公路交通管理办法 | 公安部令第 20 号，1994 年 12 月 22 日 |
| 6 | 中华人民共和国道路运输条例 | 国务院令第 406 号，2004 年 |
| 7 | 中华人民共和国道路交通安全法实施条例 | 国务院令第 405 号 |
| 8 | 关于进一步加强道路运输车辆管理的若干意见 | 交公路发〔2002〕57 号 |
| 10 | 关于发布《汽车报废标准》的通知 | 国经贸经〔1997〕456 号 |
| 11 | 摩托车报废标准暂行规定 | 经贸委等四委部 33 号令 |
| 12 | 等等 | |

## 二、水上旅行安全管理

水上旅行包括海上旅行和内陆江河湖面上的旅行活动。水上旅行的交通工具包括轮船、游艇、汽艇、帆船、橡皮艇、竹筏等。水上旅行安全管理主要通过国家及相关部门制定、颁布的各项法规条例来控制与管理，并通过码头、船务人员及旅客来共同防范与遵守。

水上旅行安全防范与管理工作涉及航运码头、船运公司、船员及旅客等多方面，因此，安全防范与管理工作的重点应放在宣传教育、制度法规建设、完善安全管理体制、提高从业人员素质和强化现场管理五个方面。

### 1. 加强安全法规宣传教育

针对水上旅行安全，我国已经制定了一些条例法规，见表 1—3。

**表 1—3　　我国部分水上交通安全相关法规、政策一览表**

| 序号 | 法规政策文件名称 | 文件编号 |
|---|---|---|
| 1 | 中华人民共和国水路运输管理条例 | 国务院［1987］46 号，1997 年 12 月 3 日修改 |

续表

| 序号 | 法规政策文件名称 | 文件编号 |
|---|---|---|
| 2 | 水路运输管理条例实施细则 | 交通部，1987年9月22日 |
| 3 | 中华人民共和国水路运输服务业管理规定（修订） | 交通部，1998年7月30日 |
| 4 | 内河旅游船星级的判分与评定 | 国家旅游局、国家技术质量监督局，1996年1月1日 |
| 5 | 等等 | |

**2. 完善水上交通安全管理体制，明确行业安全责任**

水上交通安全管理体制分为内部体制和外部体制。加强和完善内部体制，必须有完整配套的法规，明确的岗位责任制，正常的工作程序，同时要按交通部的有关要求加强自身建设。各地水上交通部门要建立起一支作风严谨、纪律严明、积极肯干、秉公廉政的港监队伍，并在水上交通安全工作中发挥应有的职能作用。

加强外部管理体制，除要发挥行业管理部门的纵向、横向两个安全管理网络的作用外，还要与农林渔牧、水利、旅游等有关部门协调配合，进一步明确水上交通安全管理责任，理顺管理机制，按照交通部门制定的水上交通安全方针，共同创造一个良好、有序、安全的水上旅游环境。

**3. 提高船运从业人员的素质**

水上交通运输从业人员，特别是一些乡镇船舶船员素质普遍较低，在实际工作中，遇到特殊和紧急情况，往往惊慌失措、束手无策，导致不安全事故的扩大。因此，加强对船员的业务技术培训、提高船员技术素质是水上旅游安全管理的重要内容。

要认真搞好船员的培训、考试和发证工作。尤其对新船员进行培训要按规定进行，严格把关，考试不及格者不允许上岗操作。

制定培训计划和措施，对现有船员分期分批进行培训。重点对船员的驾驶技能、安全法规、机械常识、处理突发事故能力进行学习和训练。

认真搞好船员证审验和档案工作。

**4. 强化现场管理**

水上交通安全的现场管理内容包括：

（1）重点查处无证无照船舶和违章行为

对没有“两证一牌一线”、无营业执照和保险的船舶，一律不准从事旅游、客货运输。对违反水上交通安全管理各项规定和操作规程，不服从安全管理人员管理的船舶，应责令其停航，并按规定处罚，绝不姑息迁就。

（2）加强对重点水域、事故多发地和事故多发企业的监控

对客流量大、地处偏远、事故多发的水域要进行重点监控，把责任落实到人。对偏远水域要建立船舶管理组织，把个体船舶组织起来，消灭安全管理空白点。

（3）加强旅游旺季、气候多变期间的现场管理

针对旅游旺季客流量大，船舶超载滥载、带病行驶等特点，管理人员一定要深入旅游区，重点查处安全条件不符合要求等违章行为，确保游客的安全：在暴雨大风、恶劣气候的情况下，要组织监督艇加强巡逻，防止船舶冒险航行而引发交通事故。

（4）改善现场管理监控手段。给安全监督人员配备必要的交通工具，改善工作条件，以强化现场安全监控能力。

## 第四节　旅游景区游乐设施事故预防

### 一、游乐设施安全管理

近几年，为了满足人们在娱乐中寻求冒险、刺激的需要，游乐

设施逐渐向高空、高速、高刺激性的方向发展。随着游乐设施提升高度，运转速度、摆动角度的不断增大，游客身体和游乐设施承受的冲击载荷也不断增加，发生事故的可能性也随之增加。

2001 年建设部和国家质量技术监督局联合签发了《游乐园管理规定》，为游乐设施增加了“软件”方面的规定。2003 年 6 月 1 日，国务院颁布的 373 号令《特种设备安全监察条例》实施，明确指出了游乐设施的设计、制造、安装、改造、维修、使用、检验检测及其监督检查各个环节的责任问题。

2013 年 6 月 29 日，《中华人民共和国特种设备安全法》由中华人民共和国第十二届全国人民代表大会常务委员会第 3 次会议通过，中华人民共和国主席令第 4 号公布。《特种设备安全法》分总则，生产、经营、使用，检验、检测，监督管理，事故应急救援与调查处理，法律责任和附则共 7 章 101 条，自 2014 年 1 月 1 日起施行。特种设备安全法突出了特种设备生产、经营、使用单位的安全主体责任，明确规定：在生产环节，生产企业对特种设备的质量负责；在经营环节，销售和出租的特种设备必须符合安全要求，出租人负有对特种设备使用安全管理和维护保养的义务；在事故多发的使用环节，使用单位对特种设备使用安全负责，并负有对特种设备的报废义务，发生事故造成损害的依法承担赔偿责任。特种设备包括锅炉、压力容器、压力管道、电梯、起重机械、客运索道、大型游乐设施、场（厂）内专用机动车辆等。这些设备一般具有在高压、高温、高空、高速条件下运行的特点，易燃、易爆、易发生高空坠落等，对人身和财产安全有较大危险性。

以上所述法律法规的健全和发展，保障了人民群众的生命和财产安全，防止和减少了事故的发生。

**1. 安全指导思想**

树立安全第一，预防为主的思想；配备必要的、充足的、有效的各项安全设施，确保游艺机和游乐设施安全运营；建立健全各项安全管理制度、安全操作规程，并确保严格执行；确保游客生命财产安全；游艺机和游乐设施要建立完整的维修、保养制度，有专人、专职负责。

**2. 服务设施**

（1）游艺机、游乐设施、水上游乐设施和水上世界

其购置、安装、使用、管理按 GB 8408 及国家有关部门制定的游艺机、游乐设施安全监督管理规定和水上世界安全卫生管理办法等有关规定执行。使用这些设施、设备，应取得技术检验部门的验收合格证书。

（2）文娱设施

各种文化娱乐设施、设备状态正常、性能良好。场内通风良好，有紧急疏散游客的出口通道，并按 GB 2894 设置紧急出口标志；照明条件符合 WH0201 的规定。

**3. 安全标志**

（1）在与安全有关的场所和位置，应按 GB 2894 设置安全标志。

（2）安全标志应在醒目的位置设立，清晰易辨，不应设在可移动的物体上，以免这些物体位置移动后，看不见安全标志。

（3）各种安全标志应随时检查，发现有变形、破损或变色的，应及时整修或更换。

（4）室内项目要有醒目的入、出口标志。

（5）引导标牌。应在正门附近显著位置设立中英文对照的《游客须知》；各主要通道、交叉路口应在适当的位置设置引导标牌；各游乐项目的入口处，应在显著的地方设置该项目的《游乐规则》；引导标牌、指示牌、说明牌的内容准确，文字规范，字迹清晰，符号标准，表面无浮尘，无油漆剥落造成的缺句少字。

**4. 安全制度与措施**

（1）游乐园（场）应特别重视安全管理，把安全工作摆在重要的议事日程，培养全员安全意识。

（2）建立健全各项安全制度，包括安全管理制度、游乐园（场）全天候值班制度、定期安全检查制度和检查内容要求，游乐项目安全操作规程、水上游乐安全要求及安全事故登记和上报制度。

5. **安全管理**

（1）设立完善高效的安全管理机构（安全委员会），明确各级、各岗位的安全职责。

（2）开展经常性的安全培训和安全教育活动。

（3）定期组织全游乐园（场）按年、季、月、节假日前和旺季开始前的安全检查。

（4）建立安全检查工作档案，每次检查要填写检查档案，检查的原始记录由责任人员签字存档。

6. **员工安全**

（1）未持有专业技术上岗证的，不得操作带电的设备和游艺设施。

（2）员工应着装安全；高空或工程作业时必须佩戴安全帽、安全绳等安全设备，并严格按章作业。

（3）员工在工作过程中应严格按照安全服务操作规程作业。

（4）工作区域内保持整洁，保证安全作业。

7. **游客安全**

（1）在游乐活动开始前，应对游客进行安全知识讲解和安全事项说明，具体指导游客正确使用游乐设施，确保游客掌握游乐活动的安全要领。

（2）某些游乐活动如有游客健康条件要求，或不适合某种疾病患者参与的，应在该项活动入门处以“警告”方式予以公布。

（3）在游乐过程中，应密切注视游客安全状态，适时提醒游客注意安全事项，及时纠正游客不符合安全要求的行为举止，排除安全隐患。

（4）如遇游客发生安全意外事故，应按规定程序采取救援措施，认真、负责地做好善后处理。

**8. 安全设施**

（1）各游乐场所、公共区域均应设置安全通道，时刻保持畅通。

（2）各游乐区域，除封闭式的外，均应按 GB 8408 的规定设置安全栅栏。

（3）严格按照消防规定设置防火设备，配备专人管理，定期检查。

（4）有报警设施，并按 GB 13495 设置警报器和火警电话标志。

（5）露天水上世界应设置避雷装置。

（6）有残疾人安全通道和残疾人使用的设施。

（7）有处理意外事故的急救设施设备。

**9. 安全及救援措施**

（1）加强安全检查，除进行日、周、月、节假日前和旺季开始前的例行检查外，设备设施必须按规定每年全面检修一次，严禁设备带故障运转。

（2）每日运营前的例行安全检查要认真负责，建立安全检查记录制度。没有安全检查人员签字的设施、设备不能投入营业。

（3）详细做好安全运行状态记录。严禁使用超过安全期限的游乐设施、设备载客运转。

（4）凡遇恶劣天气或游艺、游乐设施机械故障时，须有应急、应变措施。因此停业时，应对外公告。

（5）配备安全保卫人员，维持游乐园（场）游乐秩序，制止治安纠纷。

（6）游乐园（场）全体员工须经火警预演培训和机械险情排除培训，熟练掌握有关紧急处理措施。

**10. 安全作业要求**

（1）每天运营前须做好安全检查。

（2）营业前试机运行不少于 2 次，确认一切正常后，才能开机营业。

**11. 营业中的安全操作要求**

（1）向游客详细介绍游乐规则、游艺机操纵方法及有关注意事项。谢绝不符合游艺机乘坐条件的游客参与游艺活动。

（2）引导游客正确入座高空旋转游艺机，严禁超员，不偏载，系好安全带。

（3）维持游乐、游艺秩序，劝阻游客远离安全栅栏，上下游艺机秩序井然。

（4）开机前先鸣铃提示，确认无任何险情时方可开机。

（5）游艺机在运行中，操作人员严禁擅自离岗。

（6）密切注意游客动态，及时制止个别游客的不安全行为。

**12. 营业后的安全检查**

（1）做好当天游乐设备运转情况记录。

（2）游艺机和游乐设施要定期维修、保养，做好安全检查。定期检查分为周、月、半年和年以上检查。

（3）水上游乐设施。水上游乐项目均应设立监视台，有专人值勤，监视台的数量和位置应能看清全池的范围；按规定配备足够的救生员，救生员须符合有关部门规定，经专门培训，掌握救生知识与技能，持证上岗；水上世界范围内的地面，应确保无积水、无碎玻璃及其他尖锐物品；随时向游客报告天气变化情况，为游客设置避风、避雨的安全场所或具备其他保护措施；全体员工应熟悉场内各区域场所，具备基本的抢险救生知识和技能；设值班室，配备值班员；设医务室，配备具有医士职称以上的医生和经过训练的医护人员和急救设施；安全使用化学药品；每天营业前对水面和水池底除尘一次，每天定时检查水质；凡具有一定危险项目的设施，在每日运营之前，要经过试运行；安全、卫生和水质的标准应符合GB8 408、GB 9667、GB 5749、GB 9665和水上世界安全卫生管理办法的规定。

我国制定的游乐园（场）安全管理相关的标准主要有：《游乐园（场）安全和服务质量》《游艺机和游乐设施安全标准》和《游艺机和游乐设施安全监督管理规定》。

游乐设施介绍：

游艺机、游乐设施是指用于高空、高速以及可能危及人身安全的游艺、游乐设备。具体包括大型滑行车类、小型滑车类、单轨车类、儿童火车类、旋转运动类、小赛车类、水上娱乐项目等七大类57种。客运索道包括往复式客运索道、循环式客运索道和轨道式缆车。

## 二、索道安全管理

据统计我国旅游区共有客运索道160条，占世界索道总量的0.7%。就我国客运索道的分布而言，风景名胜区内的名山几乎都兴建了索道缆车。有的是一建再建，不止一条，大有泛滥之势。

### 1. 组织健全、制度完善、责任明确

建立安全工作领导小组，建立起完整的安全管理体系，并把制度化建设作为设备安全管理的重要手段，建立健全“安全管理规定”“安全生产目标责任书”“安全管理条例”“事故报告制度”和“紧急救护实施方案”等各种安全管理制度，制定年度安全管理目标和工作计划，逐级签订安全责任书，明确目标和责任，严格按照制度和程序定期开展安全检查，做到目标明确、保障有力。

### 2. 加强设备检查、做好维护保养

为确保设备安全，制定出“控制室管理规定”“控制室操作规程”“动力机房管理规定”“配电室安全操作规程”“车厢使用管理规定”“电、钳工值班管理规定”“供电设备管理规定”和“电气及机

械设备检查、维护、保养规定”等一整套设备管理规定和标准并严格执行；以索道设备管理民航化为目标，认真坚持早巡线，日、周、月、季和年检及重大节日前检查的制度，检查定人、定时、定位、定标准，责任人签字，存档备案，对重要、特殊的部位建立专门的检查维修档案，从而能时刻掌握设备的状况，及早发现故障苗头，消除事故隐患，确保安全运行；认真组织实施设备的月、季、年检修计划和补充计划，坚持高标准、严要求，严把质量关；及时检测设备的运行状态，如钢丝绳的无损探伤、脱挂抱索器的磁粉探伤，及时更换必要的零部件，保证设备处于良好的运行状态；保持设备清洁无油污，涂层完好无锈蚀，加强对备品备件的管理，手续齐全，存放整齐。

**3. 以人为本，加强教育培训，提高整体素质**

索道机电人员的技术素质、工作责任心、安全知识和意识是设备良好运转的重要保证。做好新工人上岗、老工人换岗时的安全教育。

**4. 排查事故隐患、突击整改消除**

以下以某旅游景区索道事故隐患排查治理为例。

(1) 对全部线路支架进行除锈（圆筒及方筒部分除掉了底漆，露出原铁表面)，重新涂刷底漆和面漆，提高了防腐能力。

(2) 重新调整支架，解决了支架中心偏离索道中心线的情况。

(3) 将线路支架全部托、压索轮组放至地面，更换转轴处的衬套及轴套，对解决轮组垂直度及索距不易调整问题起到了明显效果。

(4) 重新测量线路支架和站内设备的实际安装中心线，找出了安装中心线与设计中心线有偏差的问题，并按实际中心线对各支架重新做了标定。

(5) 根据实际情况更换了下站驱动轮大轴承。

(6) 全部抱索器进行了拆、洗、检查和润滑，更换了衬套、标准件、行走轮和部分零件。全部进行无损探伤，确保抱索器的完好。

（7）更换上、下站进、出站口两侧托索轮组及下站偏撑轮的衬套和轴套，更换摩擦轮衬和旧的液压胶管。

（8）主机房安装抽风机，修理旧排风扇，改善了主变速箱的冷却条件。

（9）对运载索进行了无损探伤。

这些工作有效地改善了设备的运行状况，消除了事故隐患，确保了设备的安全运行。

**5. 加强设备安全管理基础工作**

为有效改善设备的安全管理工作，提高日常维护保养、处理故障、解决突发事件的应急能力，从强化基础工作着手。

（1）对机电科设备技术资料档案重新进行了整理、完善，使之更加科学、合理、直观、有序。

（2）建立健全了安全管理档案。

（3）整理修饰机修间及仓库，制作货物架，使备品备件、工具、机具、劳保用品的摆放更整洁、合理、有序，有效改善了工作环境。

（4）完善机电设备的安全技术操作规程和紧急驱动程序，重新制作岗位责任制及索道线路侧型图板，全部上墙。

（5）加强员工的技术培训。

**相关链接**

某旅游景区索道目标管理在索道安全运行中的应用

安全生产目标管理就是把一定时期内完成的安全生产指标任务作为目标分解到本系统各个部门和个人，各个部门和个人严格要求，自觉地按照所定目标进行工作，管理人员围绕自己的目标进行管理。

一、安全生产目标管理的特点

1. 目标明确

2. 目标衡量

3. 目标可达

4. 目标实际

5. 目标时限

二、实行闭环管理

1. 目标的制定

股份公司在每年年初由公司总经理主持召开的安全生产委员会会议上，根据上级和社会各界对该风景区的接待、服务、安全、评价的要求，结合公司上年度安全生产实际情况，讨论制定本年度的安全生产目标，并在公司安全生产工作会议上向各索道布置，将目标列入公司年度综合目标考核。在制定目标的过程中，充分考虑目标的连贯性、各索道之间的可比性、不同单位的个性以及年度目标的先进性。

2. 目标的执行

股份公司目标下达后，各索道根据各自的实际情况，再将目标进行分解细化，层层落实到部门、班组和个人，并列入考核。将完成情况与个人的经济利益、职务升迁、先进评比等挂钩，明确各索道、各级管理人员和每个人的目标及责任，使每个单位、个人在工作中对照目标进行努力。

3. 目标的检查

年度目标明确以后，股份公司每年根据季节特点、节日的要求及其他重大接待等情况组织安全生产检查，检查各索道对目标的分解、贯彻、落实情况，以及每年年中和年底的目标执行情况，总结分析完成目标的做法，查找未完成目标的问题和原因，制定改进措施。

4. 目标的考核

每年年底对各索道目标完成情况进行分析汇总并根据年初确定的综合目标考核办法进行考核兑现。通过对目标的考核兑现，既达到目标管理的绩效反馈，又实现了闭环管理。

三、逐层建立安全生产目标

安全生产目标必须根据不同的索道、不同的层次来确立，不能从上到下只有一个目标。目标分解要充分认识到下级目标要高于上级目标，并保持管理部门和索道之间有效的协调合作，充分考虑目标的系统性、针对性、科学性。在确立不同层次目标的基础上，进一步明确、细化，以便执行、操作、检查和考核等工作的有效实施。

1. 根据上级各主管部门及特种设备安全监察条例的要求，股份公司对索道的安全生产目标是：

（1）确保索道安全正常运营。

（2）优质服务无投诉。

（3）不发生人身伤亡事故。

（4）不发生重大设备故障（计划内检修除外）。

（5）不发生有人员责任的设备故障。

（6）不发生火灾事故。

2. 为确保股份公司目标的实现，各索道围绕保证各自目标的完成，在股份公司下达目标的基础上，结合自身的实际进一步细化，按索道内部机构的配置、各部门的职责提出更高的目标要求：

（1）确保索道安全正常运营。

（2）优质服务无投诉。

（3）不发生人身伤亡事故、杜绝轻伤事故。

（4）不发生重大设备故障（计划内检修除外）。

（5）提高对突发故障应急处理能力。

（6）避免或减少停运 1 小时以上的故障发生。

（7）不发生有人员责任的设备故障。

（8）不发生火灾事故。

（9）不发生违反安全用电用火的行为等。

3. 各部门对班组、个人的要求就更加具体、明确：严格执行安全管理制度，在生产中杜绝“三违”情况，不发生未遂事故等。

四、采取有效措施、保证目标完成

为保证目标的实现，股份公司和各索道采取有效措施，通过各种途径，努力实现目标。

1. 建立健全安全生产责任制

公司始终坚持“安全第一，预防为主”的方针，在公司安委会、总经理办公会上研究、贯彻落实党中央、国务院有关安全生产的指示精神，并根据各级主管部门和社会各界对该风景区的旅游环境、优质服务、综合评价等要求，部署公司安全生产工作；公司和各基层单位均制定了较为科学的安全生产责任制并层层落实；公司每季度召开一次安全生产分析会，分析总结安全生产方面取得的成绩和存在的不足；各索道每月定期或不定期对安全生产情况实行自查，在每月的安全例会上，针对安全生产上存在的薄弱环节分析原因，并推行成功、有效的实施方法；确保公司对安全生产方面的要求、精神直接深入到基层；通过安全述职制度、责任追究制度、奖惩制度、干部廉洁制度的执行，保证了安全生产责任制的有效落实。

2. 深入宣传贯彻公司安全理念，推动企业安全文化建设

公司通过多年的探索，确立了“没有消除不了的隐患，没有避免不了的事故”的安全理念，并通过开展形式多样的安全宣传活动，推动了企业安全文化的建设。在安全生产月和《安全生产法》的宣贯活动中，举办了安全生产知识竞赛，增进了索道同行的沟通与交流；各索道利用电教片、宣传栏等对员工进行安全生产教育，同时组织各层级人员参加不同类型的安全知识培训，并结合典型案例、身边的人、身边的事开展“安全在我心中”查找身边“三违”及习惯性违章等活动。公司上下共同重视安全、关注安全，营造了浓厚的安全生产氛围。

3. 推行安全性评价工作

公司从安全管理系统出发，通过几年试行安全性评价工作以来，成立了安全性评价领导组，在所属企业中大力推行安全性评价工作。针对索道行业特点，安全性评价工作基于各索道对设备、管理等方面广泛自查自改的基础上，安全性评价领导组邀请有关专家共同对索道安全生产情况进行全面的评价，对存在的问题和薄弱环节提出整改建议，变以往定性的安全检查为定量的安全评价，对索道安全生产情况进行综合的定量分析。索道根据安全评价提出的问题和建议举一反三再行排查整改，然后再组织有关专家进行复查。索道在自查—整改—专家评价—整改—复查—再整改的评价循环中，通过对索道总体安全不足的查找、设备隐患的整治、规章制度的健全、管理的完善，进一步提高了安全生产管理水平。

4. 加强对危险危害因素的控制

各索道在严格执行安全生产规章制度的基础上，摸排、查找索道存在的危险危害因素，如钢丝绳、支架基础及主驱动轴、配电设备、联轴器等设备关键部件。针对索道的危险危害因素，组织制定各项防范措施，如钢丝绳的定期检查测量、关键部件的专项检查等防范控制措施等，作为检查维护制度的补充、完善。通过对危险危害因素的控制，有效防止了人身事故和设备事故的发生。

5. 落实事故防范措施

各索道根据国家及行业对各类事故的防范要求，举办形式多样的学习班、培训班和技术讲座，提高全员的岗位技能和专业技能，对关键岗位的人员加强应急应变能力的培训；同时结合本单位的实际，制定各类事故防范措施并加以执行，如雷电、大风、冰雪及停电等情况下的处理措施。认真吸取国内外重大事故教训，加大对索道设备、基础设施的资金投入，加强设备的运行检查、维护工作，加大对隐患的整改力度，提高索道安全运行的保证度，确保索道安全稳定运行。

6. 加强安全教育与培训

索道系统开展了形式多样的安全教育：一是组织各级管理人员、班组长、骨干参加上级主管部门、有关院校及专业对口的培训；二是引进安全管理培训教材，邀请专家对员工进行安全知识的普及教育；三是充分抓住技能练兵和技能大赛活动的契机，把安全知识与技能作为一个重点，着重对员工加强将知识转换为实际技能的培训，提高生产作业人员的安全意识和实际操作技能；四是充分发挥安全生产月的有利氛围，查找缺陷、及时改进，达到学以致用的目的；五是不断创新安全教育的形式，举办题材新颖的各种集体安全活动，如定期组织工程技术人员对设备运行、检查、维护情况及重大检修任务进行分析、总结，查找不足、分析原因以及如何采取改进的措施等，引导职工面对面地讲安全、谈认识；六是各单位坚持把外包单位、施工单位等各类人员的教育培训列入工作计划，作为一项经常性的工作来抓，取得了实效。通过开展全员安全教育培训活动，提高了全体职工的安全思想和安全素质，为安全生产提供了可靠的保证。

## 第五节　旅游景区饮食安全管理

造成旅游活动中饮食安全问题的原因大致有以下几种：

①餐饮企业操作不当和违规经营，造成饮食卫生问题。

②餐饮企业不遵守职业道德，贪图个人私利，欺诈旅游者。

③旅游者因各种原因，没有注意个人饮食卫生，导致“病从口入”。

④旅游者放松警惕，导致饮食过程中物品丢失。

⑤旅游者因水土不服，导致身体发生疾病。

⑥旅游者因旅途劳累，缺乏必要的营养而发生疾病。

⑦因饮食习惯差异导致旅游者与旅游者、旅游者与餐饮经营者或当地人之间的冲突。

⑧其他意外原因，如餐厅地滑摔伤、餐器爆炸受伤、烫伤等。

## 一、旅游景区主要饮食安全事故

旅游饮食中的安全问题主要表现为食物中毒、疾病、盗窃、欺诈、营养不良引发的疲劳症、火灾及其他意外事故七种类型。

### 1. 食物中毒

食品在生产过程中需要与许多物质接触，是细菌迅速滋生的良好媒介，而且又特别善于吸引寄生虫；食品在精细的加工、陈列、服务的过程中极易受到污染。概括起来，目前食品受污染主要有这几方面：细菌性污染、真菌毒素污染、病毒性污染、寄生虫、农药污染、兽药和植物激素在食品中的残留、重金属污染和其他化学物污染。目前，直接应用于食品的化学物质（如食品添加剂）以及间接与食品接触的化学物质（如农药及污染物）日益增多，全球销售的化学物质已达 5 万多种，其中食品添加剂约有上千种，人类长期接触这些化学物质后可能引起的毒性（包括致畸、致癌等）反应已引起广泛的重视。

食物中毒是最常见、最典型的一大类食源性疾患，是指摄入了含有生物性、化学性有毒有害物质的食品或者把有毒有害物质当作食品摄入后出现的非传染性（不属于传染病）的急性、亚急性疾病。从这个概念可清楚地了解食物中毒的病原可以是生物性的致病微生物和化学毒物，中毒的原因可以是食品污染、食用有毒动植物以及把有毒有害的非食品当作食品误食等，其发病的特点是非传染性的急性、亚急性疾病，可区别于其他食源性疾患。旅游食物中毒有其自身的流行特征，表现为：

（1）疑似食物中毒报告起数多，但确认上报的少。

（2）疑似食物中毒发病人数绝大部分为外地旅游人员，且多为团队旅游人员。

（3）食物中毒发生可疑餐馆饭店多为旅游定点饭店或中小饭店。

（4）化学性食物中毒明显减少，多为细菌性食物中毒。

（5）发生食物中毒时间多在旅游季节。

（6）原因食品和致病因素查明率下降。

食物中毒尤其是 10 人以上的集体性食物中毒有其鲜明的特征。食物中毒的发病必然与近期进食某种食品有关，凡是未进食这种食品的人一般不发病，发病的病人只局限在食用同一种中毒食品的人群中，当停止食用这种食品时，发病也随之停止。一般食物中毒潜伏期较短，发病突然，某些化学性食物中毒（如农药中毒、亚硝酸盐中毒），在进食后十几分钟到几十分钟即可发病；细菌性食物中毒一般也在几小时至 48 小时内发病。集体性爆发的食物中毒在短期内很快形成发病高峰，这些病人进食的是同一种中毒食品，病源相同，因此患者的临床症状也基本相同，由于个体差异，其临床症状可能有些差异。

**2. 疾病**

旅游饮食中引发疾病的原因有多方面：由于旅游饮食业主违章或违规操作提供变质饮品、食品而引发疾病。

（1）旅游者饥不择食，没有注意饮食卫生。

（2）由于旅游途中条件所限，只能将就饮食。

（3）水土不服。

（4）旅途劳累，加之营养的摄入量不足，也即旅途中的营养不良。

(5) 旅游饮食引发的疾病类型较多，例如：肠道感染、胃肠功能紊乱、胃溃疡病、恶心、呕吐、腹泻等。

知识链接

中华人民共和国国家标准《食物中毒诊断标准及技术处理总则》将中毒食品定义为：含有有毒有害物质并引起食物中毒的食品，并将其种类划分为以下几种。

1. 细菌性中毒食品

指含有细菌或细菌毒素的食品。

2. 真菌性中毒食品

指被真菌及其毒素污染的食品。

3. 动物性中毒食品

主要有两种：

(1) 将天然含有有毒成分的动物或动物的某一部分当作食品。

(2) 在一定条件下，产生了大量的有毒成分的可食的动物性食品（如鲐鱼等）。

4. 植物性中毒食品

主要有三种：

(1) 将天然含有有毒成分的植物或其加工制品当作食品（如桐油、大麻油等）。

(2) 将加工过程中未能破坏或除去有毒成分的植物当作食品（如木薯、苦杏仁等）。

(3) 在一定条件下，产生了大量有毒成分的可食植物性食品（如发芽马铃薯等）。

5. 化学性中毒食品

主要有四种：

(1) 被有毒有害的化学物质污染的食品。

(2) 指误为食品、食品添加剂、营养强化剂的有毒有害的化学物质。

(3) 添加非食品级的或伪造的或禁止使用的食品添加剂、营养强化剂的食品，以及超量使用食品添加剂的食品。

(4) 营养素发生化学变化的食品（如油脂酸败）。

### 3. 其他意外事故

餐厅进餐中，一些意外事故都有可能引发旅游安全问题。例如，餐具破损割伤、菜肴太热烧烫伤、电击伤等。甚至还可能出现旅游者与餐饮经营服务人员冲突而引发的安全问题。

## 二、旅游景区饮食安全管理

### 1. 食品卫生管理

食品卫生管理是饮食安全管理的一个重要方面。食品的卫生直接影响食用者的身体健康，严重的还将导致食物中毒或诱发其他疾病。因此，食品卫生管理是保证菜品和饮品质量、防止污染、预防疾病的重要手段。食品卫生管理包括：餐饮生产卫生管理、餐饮服务卫生管理、旅游者个人卫生管理三个环节。旅游者个人卫生属于旅游者私人问题，旅游业、旅游饮食供应方只起到提醒作用，很难将其纳入管理范畴。餐饮服务严格讲也是餐饮生产的一个环节，餐饮服务卫生管理更多的是餐饮服务人员的卫生管理问题，类似于厨房工作人员的卫生管理问题。餐饮生产基本上是在厨房进行，西餐中的法式餐车服务和现场表演也可看作是厨房生产的延伸。因此，餐饮生产卫生管理的重心主要是厨房卫生管理。

知识链接

《旅游景区质量等级的划分与评定》（修订）（GB/T 17775—2003）5.1AAAAA 级景区 5.1.4 卫生标准：

(1) 环境整洁，无污水、污物，无乱建、乱堆、乱放现象，建筑物及各种设施设备无剥落、无污垢，空气清新、无异味。

(2) 各类场所全部达到 GB 9664 规定的要求，餐饮场所达到 GB 16153 规定的要求，游泳场所达到 GB 9667 规定的要求。

(3) 公共厕所布局合理，数量能满足需要，标识醒目美观，建筑造型景观化。所有厕所具备水冲、盥洗、通风设备，并保持完好或使用免水冲生态厕所。厕所设专人服务，洁具洁净、无污垢、无堵塞。室内整洁，有文化气息。

(4) 垃圾箱布局合理，标识明显，造型美观独特，与环境相协调。垃圾箱分类设置，垃圾清扫及时，日产日清。

(5) 食品卫生符合国家规定，餐饮服务配备消毒设施，不应使用对环境造成污染的一次性餐具。

所谓厨房卫生就是保证食品和饮品在选择、生产和销售的全过程中，始终处于安全卫生的状态。为了保证食品和饮品的安全卫生状态，厨房食品和饮品从采购、验收、保藏，直至生产和服务中，都必须符合卫生要求。例如，原料必须是未受污染和不带致病菌的；原料必须在卫生许可条件下贮藏；生产过程必须符合卫生条件；生产人员必须身体健康；设施设备必须符合卫生标准等。厨房卫生管理主要包括厨房环境的卫生管理和控制、厨房各作业区的卫生管理与控制、厨房工作人员的卫生管理与控制三个方面。

**2. 与饮食有关的其他安全管理**

除了上述的饮食安全管理外，与饮食有关的安全管理还包括：

(1) 对餐饮经营业主的职业道德的教育与管理。通过教育并出台相关的规章制度与措施，防范与控制餐饮经营业主对旅游者饮食的欺诈行为，杜绝在饮食场所出现敲诈、强买强卖、宰客等非法经营行为。

(2) 加强对餐饮场所的现场管理，以防止出现因地面油腻湿滑、餐具破损等人为原因造成游客跌伤、割伤等不安全事故；避免出现因为客人酗酒、斗殴而殃及其他游客的不安全事件。

(3) 加强对餐饮场所服务人员的教育与管理，防止出现因餐饮服务人员与旅游者发生冲突而引发的安全问题。

### 知识链接

旅游活动中的科学饮食：

旅游活动中科学饮食是为了在提供旅游者足够能量与营养素的食品、满足旅游者完成旅游活动的生理需求的同时，适当地满足旅游者对于美食的心理需求和享受要求，达到旅游目的。相对应于饮食科学的内涵，旅游活动中的科学饮食一般包括营养素的供给、膳食的平衡以及适度的美食。

从营养学角度上看，旅游者以及旅游饭店的饮食制作者应根据旅游活动的特点，根据旅游者的生理需求和饮食习惯，摄取或提供给能量适中、营养素齐全、新鲜优质、口味良好的膳食，以满足旅游者的生理需求，保证旅途顺利，达到旅游目的。供给人体热能和热源质的主要营养素是碳水化合物、脂肪和蛋白质，三者的供热系数分别为 4、9、4，并以 68%、18.5%、13.5% 作为三者供热的比例最为合适。因此，对于我国旅游者而言，采用碳水化合物含量较高的食物（如面包、米饭、甜点）作为主食是旅途中既经济又比较符合饮食习惯，容易被接受的一种保证能量供给的途径。但是，考虑到旅途中饮食不便以及旅游活动量大等特点，在旅游饮食中应适量增加脂肪的饮食比例，以减少胃容量和提高供热系数，增加饱腹感，保证旅途中能量的需求和各种营养素的提供。各种营养素中，蛋白质、矿物质和水能促使人体生长和恢复，而维生素、矿物质和水则能调节人体生理过程。因此，适当增加维生素、矿物质和水的摄入量，能够调节人体生理过程，克服旅途中人体出现的不良生理反应，使旅游活动变得轻松愉快。

国外旅游中的科学饮食：

出国旅游的旅游者，在饮食上经常遇到以下情况：

(1) 肉食很多，而米面较少。

(2) 鱼类、肉类中有些是半生或生的。

(3) 生吃海产品。

(4) 生吃蔬菜，品种众多。

(5) 脂肪类食品多，煎、烤食品多，用油量大。

(6) 甜食和需加糖的食物多。

(7) 凉的、热的、生的、熟的、荤的、素的、甜的、咸的混杂而食。

(8) 冷饮多。

上述几点与我国人民的饮食习惯有明显的不同。因此，为了顺利适应国外的饮食，保护胃肠健康，饮食时可采取以下办法：

(1) 每餐不宜吃太饱。

(2) 开始时尽量少吃不太熟的肉类，因为半生的肉类容易引起心理上的反感——厌食，其后逐渐接触，由少到多，慢慢习惯。

(3) 尽量少饮酒，以免影响消化功能。

(4) 吃生牡蛎可引起旅游者腹泻（细菌或病毒感染）、急性病毒性胃肠炎等，应尽量少吃。

(5) 为了预防消化不良，餐后可服消化酶（如多酶片、胰酶片等），为预防腹胀可服乳酶生。

(6) 如果觉得食物有被污染的可能，尤其在热带地区食物被污染极为常见，可于餐后服黄连素0.2～0.3克。如有腹痛、腹泻应立即用消炎药（如黄连素、复方新诺明或四环素等）治疗。

在国外，冷饮是普遍的饮料。一般瓶装饮料都是清洁的，除了因不习惯而在饮后发生腹胀、胃肠蠕动加快、腹部不舒服外，不会引起感染性炎症。所以，在国外旅游时，应尽量喝瓶装饮料，尤其是矿泉水。

## 三、常见食物中毒及其预防知识

### 1. 细菌性食物中毒

（1）细菌性食物中毒

细菌性食物中毒是指进食含有细菌或细菌毒素的食物而引起的食物中毒。在各类食物中毒中，细菌性食物中毒最为多见。其中又以沙门氏菌、金黄色葡萄球菌最为常见，其次为蜡样芽孢杆菌。细菌性食物中毒发病率较高而病死率较低，多发生在气候炎热的季节。

（2）预防措施

①严格把控食品的采购关。禁止采购腐败变质、油脂酸败、霉变、生虫、污秽不洁、混有异物或者其他感官性状异常的食品以及未经兽医卫生检验或者检验不合格的肉类及其制品（包括病死牲畜肉）。

②注意食品的贮藏卫生，防止尘土、昆虫、鼠类等动物及其他不洁物污染食品。

③食堂从业人员每年必须进行健康检查。凡患有痢疾、伤寒、病毒性肝炎等消化道疾病（包括病原携带者），活动性肺结核，化脓性或者渗出性皮肤病以及其他有碍食品卫生的疾病的，不得从事接触直接入口食品的工作。

④食堂从业人员有皮肤溃破、外伤、感染、腹泻症状等不要带病加工食品。

⑤食堂从业人员工作前、处理食品原料后、便后用肥皂及流动清水洗手。

⑥加工食品的工具、容器等要做到生熟分开。加工后的熟制品应当与食品原料或半成品分开存放，半成品应当与食品原料分开存放。

⑦加工食品必须做到烧熟煮透，需要熟制加工的大块食品，其中心温度不低于 70℃。

⑧蜡样芽孢杆菌在15℃以下不繁殖，剩饭剩菜应低温保藏。该菌污染的食品一般无腐败变质的异味，不易被察觉，因此，剩饭剩菜一定要在餐前彻底高温加热。

⑨带奶油的糕点及其他奶制品要低温保藏。

⑩储存食品要在5℃以下。若做到避光、断氧，效果更佳。生、熟食品分开储存。

**2. 化学性食物中毒**

（1）化学性食物中毒

化学性食物中毒是指误食有毒化学物质，如鼠药、农药、亚硝酸盐等，或食入被其污染的食物而引起的中毒。发病率和病死率均比较高。

（2）预防措施

①严禁将有害化学物与食品一处放置。鼠药、农药等有毒化学物要标签明显，存放在专门场所并上锁。

②不随便使用来源不明的食品或容器。

③蔬菜粗加工时以食品洗涤剂（洗洁精）溶液浸泡30 min再冲净，烹调前再经烫泡1 min，可有效去除蔬菜表面的大部分农药（或从市场上购回的蔬菜要用清水短时间浸泡、反复冲洗。一般要洗3遍，温水效果更好）。

④水果宜洗净后削皮食用。

⑤手接触化学物后要彻底洗手。

⑥加强亚硝酸盐的保管，避免误作食盐或碱面食用。

⑦苦井水勿用于煮粥，尤其勿存放过夜。

⑧食堂应建立严格的安全保卫措施。

**3. 有毒动植物中毒**

（1）有毒动植物中毒

有毒动植物中毒是指误食有毒动植物或摄入因加工、烹调方法不当未除去有毒成分的动植物食物引起的中毒。发病率较高，病死率因动植物种类而异。

(2) 几种常见的有毒动植物中毒

①豆浆中毒。中毒原因：生大豆含有一种有毒的胰蛋白酶抑制物，可抑制体内蛋白酶的正常活性，并对胃肠有刺激作用。中毒表现：潜伏期为数分钟至 1 h，出现恶心、呕吐、腹痛、腹胀，有的腹泻、头痛，可很快自愈。预防措施：豆浆必须煮开再喝。

②豆角中毒。中毒原因：豆角品种很多，豆角引起中毒的原因一般认为是由于豆角中所含的皂素和血球凝集素引起的。中毒表现：潜伏期为数十分钟至 5 h。主要表现为胃肠炎症状，如恶心、呕吐、腹痛、腹泻等，以呕吐为主，并伴有头晕、头痛、出冷汗，有的四肢麻木，胃部有烧灼感，预后良好，病程一般为数小时或 1～2 天。预防措施："烧熟煮透"。

③亚硝酸盐中毒。中毒原因：亚硝酸盐可使正常的低铁血红蛋白被氧化成高铁血红蛋白，失去输送氧气的功能，因而出现肤色青紫和组织缺氧现象。中毒表现：潜伏期 30 min～3 h，口唇、指甲及全身皮肤青紫，呼吸困难，并伴有头晕、头痛、恶心、呕吐、心跳加快、呼吸急促，甚至昏迷、抽搐，终因呼吸衰竭而死亡。预防措施：不吃腐烂变质蔬菜；加强宣传、不要误食亚硝酸盐。

④沙门氏菌属食物中毒。病原菌：沙门氏菌属是很大的一组细菌，其中最常引起食物中毒的沙门氏菌有鼠伤寒，猪霍乱，肠炎沙门氏菌，副伤寒甲、乙等。这种细菌在外环境中的生活力较强，在水、牛乳及肉类食品中能生存几个月，其繁殖的最适宜温度为 37℃。乳与乳制品中的沙门氏菌经巴氏消毒或煮沸后迅速死亡。中毒食物和污染源：沙门氏菌食物中毒多由动物性食品，特别是肉类引起（如病死牲畜肉、熟肉制品），也可由家禽、蛋类、奶类食品引起。临床表现：以急性胃肠炎为主，潜伏期一般 12～24 h，短的数小时，长则 2～3 天。前驱症状有恶心，头痛，全身乏力和发冷等。主要症状有呕吐，腹泻，腹痛，粪便为黄绿色水样便，有时带脓血和黏液。

一般发热38～40℃。重病人出现寒战，惊厥，抽搐和昏迷。病程为3～7天，一般预后良好。但是，老人、儿童和体弱者如不及时进行急救处理也可导致死亡。预防措施：防止食品被沙门氏菌污染；控制食品中沙门氏菌的繁殖；彻底杀死沙门氏菌。

⑤鱼类引起的组胺中毒。含组胺高的鱼类主要是青皮红肉的海产鱼类。如鲐鱼、青鱼、沙丁鱼、秋刀鱼等。中毒原因：这类鱼含有较高量的组氨酸，经有些细菌作用，在适宜的条件下鱼肉中的组氨酸经脱羧酶作用产生组胺和类组胺物质——秋刀鱼素。中毒表现：组胺中毒与人的过敏体质有关，表现为局部或全身毛细血管扩张。潜伏期为数分钟至数小时，特点是发病快、症状轻、恢复快、少有死亡。主要症状为皮肤潮红，结膜充血，似醉酒样，头晕，剧烈头痛，心悸，有时出现荨麻疹。一般体温不高，多于1～2日内恢复。预防措施：加强鱼类食品卫生管理；过敏体质的人不能食用；对容易产生大量组胺的鲐鱼去毒。

⑥河豚中毒。河豚又名鲀，有上百个品种，是一种味道鲜美但含剧毒素的鱼类。中毒多发生在日本、东南亚及我国沿海、长江下游一带。毒性：有毒物质为河豚毒素，是一种神经毒，对热稳定，需220℃以上方可分解；盐腌或日晒不能破坏。鱼体中含毒量在不同部位和季节有差异，卵巢和肝脏有剧毒，其次为肾脏、血液、眼睛、鳃和皮肤。鱼死后内脏毒素可渗入肌肉，使本来无毒的肌肉也含毒。产卵期卵巢毒性最强。临床表现和治疗：河豚毒素可引起中枢神经麻痹，阻断神经肌肉间传导，使随意肌出现进行性麻痹，直接阻断骨骼纤维，导致外周血管扩张及动脉压急剧降低。潜伏期10 min～3 h。早期有手指、舌、唇刺痛感，然后出现恶心、呕吐、腹痛、腹泻等胃肠症状。四肢无力、发冷、口唇和肢端知觉麻痹。重症患者瞳孔与角膜反射消失，四肢肌肉麻痹，以致发展到全身麻痹、瘫痪。呼吸表浅而不规则，严重者呼吸困难、血压下降、昏迷，最后死于呼吸衰竭。目前对此尚无特效解毒剂，对患者应尽快排出毒物和给

予对症处理。预防：加强宣传教育，防止误食。新鲜河豚应统一加工处理，经鉴定合格后方准出售。治疗措施：一旦发现河豚中毒症状，要立即送医院抢救，可用小苏打溶液进行皮下注射或静脉注射，使之迅速解毒，还可分别用肾上腺素、毛地黄苷、樟脑、咖啡碱等注射，其效果也比较理想。我国民间流传不少的解毒方法，如食用生茄子，内服乌贼墨；羊蹄叶捣汁喝；爬山虎煎服；马兰草（全株）煎服等。

⑦变形杆菌食物中毒。病原菌：变形杆菌属包括普通变形杆菌、奇异变形杆菌、莫根变形杆菌、雷极氏变形杆菌四种。变形杆菌为腐物寄生菌，在自然界分布广泛，粪便、食品等均可检出该菌。人和动物的带菌率可高达10%左右，肠道病患者的带菌率较健康人更高，为13.3%～52%。引起中毒的食品：主要与动物性食品有关，特别是熟肉制品和凉拌菜等，也有病死家畜肉等。食品被污染和中毒发生的原因：在烹调制作食品过程中，处理生、熟食品的工具、容器未严格分开使用，使制成的熟食品受到重复污染；或者操作人员（不讲究卫生）通过手污染熟食品，受污染的熟食品在较高的温度下存放较长时间，细菌大量繁殖，食用前不再回锅加热或加热不彻底，食后引起中毒。中毒表现：潜伏期一般为12～16 h，短者1～3 h，长者60 h。主要表现为腹痛、腹泻、恶心、呕吐、发热、头晕、头痛、全身无力，重者有脱水、酸中毒、血压下降、惊厥、昏迷、剧烈腹痛，多呈脐周围部的剧烈绞痛或刀割样疼痛，腹泻多为水样便，一日数次至10余次。体温一般在38～39℃。发病率的高低随着食品污染程度和进食者健康状况而有所不同，一般为50%～80%。病程比较短，一般1～3天，多数24 h内恢复。预防措施：防止食品被变形杆菌污染；控制食品中变形杆菌的繁殖；彻底杀死变形杆菌。

⑧黄曲霉素中毒。黄曲霉素为分子真菌毒素。我国规定大米、食用油中黄曲霉毒素允许量标准为10 μg/kg，其他粮食、豆类及发

酵食品为 5 μg/kg，婴儿代乳食品不得检出。而世界卫生组织推荐食品、饲料中黄曲霉毒素最高允许量标准为 15 μg/kg。30～50 μg/kg 为低毒，50～100 μg/kg 为中毒，100～1 000 μg/kg 为高毒，1 000 μg/kg 以上为极毒。其毒性为氰化钾的 10 倍，为砒霜的 68 倍。此外，黄曲霉毒素有很强的致癌性。诊断要点：有摄入被黄曲霉毒素污染的食物史；四季均可发生，但常在阴雨连绵的收获季节后多发；儿童更易发生黄曲霉毒素中毒，根据历史资料分析来看，使人中毒的最危险年龄为 1～3 岁；中毒前驱表现为发烧、腹痛、呕吐、食欲减退等；2～3 周后很快发生中毒性肝病表现，即肝脏肿大，肝区疼痛，黄疸，脾大，腹水，下肢浮肿及肝功能异常；可有心脏扩大，肺水肿，甚至痉挛、昏迷等，多数患者在死前会有胃肠道大出血表现；实验动物临床毒性研究表明，给动物喂食含黄曲霉毒素的饲料后，表现为渐进性食欲减退、口渴、便血、生长缓慢、体重减轻、皮肤出血、过度兴奋、抽搐、角弓反张等。病理解剖可见肝脏弥漫性充血、出血利坏死等表现。急救处理：立即停止摄入有黄曲霉毒素污染的食物；补液，利尿，保肝等支持疗法；重症病人按中毒性肝炎治疗。

# 第六节　旅游景区火灾预防

## 一、博物馆火灾防范措施

### 1. 博物馆消防安全隐患的现状与火险防范的必要性

仅在 2013 年、2014 年两年间，古建筑火灾事故频繁出现。2013 年 3 月，云南丽江古城光义街现文巷突发火灾，烧毁民房 107 间；4 月，湖南凤凰古城的一栋古房屋起火，整栋房屋和其内设酒吧彻底烧毁；8 月，湖南靖州苗族侗族自治县一古村寨发生火灾，58 户村民房屋被毁于一旦；12 月，湖南洪江古商城建于清末民初的朱志大油号旧址被大火吞噬，22 户居民共计 67 人无家可归；2014 年 1 月 11 日，有着 1 300 多年历史的云南省迪庆藏族自治州香格里拉县独克宗古城因火灾彻底变为废墟；2014 年 7 月 28 日凌晨，位于浙江省宁波市江北区老外滩的国家级文物保护单位、宁波的重要地标性建筑宁波老外滩天主教堂被大火吞噬。就目前博物馆的安全形势和现状来看，相当一部分人员对博物馆安全工作认识不足，安全意识淡薄，致使博物馆在某些方面存在严重的安全隐患。

**2. 对博物馆火险隐患的分析**

(1) 日常生活用火不慎

随着博物馆事业发展，有部分博物馆和古建筑文保单位为了开展经营，增加博物馆收入，在博物馆和文保单位旅游区周边，居民乱搭建易燃棚，并长期使用液化石油气、煤炉等烧菜烧饭及从事经营活动，危险性很大，周边一旦发生火灾，博物馆和文保单位恐怕在劫难逃。如 1992 年吉林市博物馆中央电影厅，承租给吉林市建筑集团公司经营夜总会，1994 年 11 月 15 日凌晨 1 时许，该夜总会发生火灾，烧毁黑龙江省博物馆在吉林市博物馆展出的 7000 万年前的恐龙化石 1 具，猛犸象化石 1 具，披毛犀化石 1 具及明代才子微明真迹等一批珍贵文物，死亡 2 人，直接经济损失 671 万元，文物损失无法估算。

(2) 电器设备使用不当

由于博物馆为了吸引观众，经常举办一些临时展览，由外单位人员进行施工，造成电线临时乱拉、乱接的现象经常出现；有部分博物馆和文保单位，为了增加经营收入，给影视公司、广告公司经常拍摄电影、电视、广告片等，无疑会使电器设备用电量有所增加，使博物馆用电长期超负荷运转，引起变压器起火、电器短路等。如 2004 年，有着 700 多年历史的北京护国寺西配殿也因变电箱线路引发的大火而部分焚毁。

(3) 吸烟、乱扔烟头

博物馆和一些文保单位内是严禁吸烟的，但是观众和游客在参观陈列区时不吸烟，走出陈列区就吸烟，由于有些博物馆古建筑历经千百年风干，耐火等级较低，周边环境不利，极易由小火而酿成大祸，观众和游客没有这方面安全意识，吸烟后将烟蒂乱丢，造成火灾。

(4) 消防设施不全

有的博物馆消防设施不全，尤其是中、小型博物馆和古建筑博物馆，由于经费不足，年久失修，房屋陈旧，没有避雷设施，领导不够重视等。消防设施和安全责任不够落实，消防灭火器材没有按规定配备，有些博物馆虽然有消火栓及部分灭火设备，但大多数为应付检查，消火栓不是没有水，就是年久失修，已经无法使用，一旦发生火灾就会因为灭火器材和设施不管用而无法及时扑救，酿成火灾事故。

(5) 电器设备陈旧老化

有些博物馆由于经费投入不足，电器设备严重陈旧、老化，再加上大量使用照明灯、灯箱，为了布展效果使用射灯，极易因电器使用过多而超负荷，造成短路和漏电现象，引起火灾，或电器设备不堪重负，起火引发火灾事故。

**3. 博物馆火险防范与对策**

(1) 建立健全一整套科学合理、便于操作的消防安全管理措施和方法，是做好防火工作的重要手段。要明确消防重点，制定防火制度和灭火方案，层层签订消防安全责任书，落实博物馆消防安全责任制。

(2) 加强消防安全教育，提高博物馆职工的消防安全意识，落实有效的防范措施，防止各类火灾事故的发生。博物馆保卫组织要根据本馆具体情况，通过请有关专家进行讲座，专题报告，宣传橱窗，发放安全管理手册，举办知识竞赛题等多种形式开展丰富多彩的消防安全宣传教育活动。通过宣传教育，使博物馆职工认识到火灾的危险性，掌握必要的消防知识和火场逃生、救生技能，每年举办两三次消防演练，增加消防安全意识，配合保卫部门一起做好消防工作。

(3) 增加消防设施经费投入，抓好“人防、物防、技防”措施落实。没有投入就不可能有消防安全，投入不到位，消防安全就难以到位。要有足够的经费投入、配备必需的消防设施，且设备器材均布局合理，使用方便。不断提高义务消防队技能和本能素质、坚持定期训练和演练，提高单位自防自救消防队伍的战斗力。综上所述，博物馆消防安全工作看似简单，其实却有千钧之重。我们须时刻牢记“隐患险于明火，防范胜于救灾，责任重于泰山”。坚持“预防为主，防消结合”的方针，排查火险隐患，找出薄弱环节，采取有针对性的对策和措施。做到“7 个到位”，即领导要到位、宣传教育到位、消防设施到位、安全措施到位、岗位责任到位、制度落实到位和检查巡查到位，就一定能够将博物馆的消防安全工作做好。

## 知识链接

气体灭火系统：

档案馆、博物馆大多为大型综合性建筑，且大楼内的很多区域所存放的物品价值昂贵，是非常重要的国家财产，如果采用水喷淋灭火系统会对保护对象造成不小的损失，因此有必要采用气体灭火系统。

气体消防部位的确定：博物馆的藏品库是全馆的心脏，大量的国粹、国宝存放在此，特别是一些珍品文物如丝织品、精品字画、文房四宝、竹木漆器等均是易燃品，且一旦浸水损坏，对国家会造成重大损失，这些部位应首选气体消防。另外一些文物库，如钱币库、青铜器库等，虽然遇水不会完全损坏，但这些文物都是经过特殊修复而成的，遇水损失是无法估计的。且如果用水喷淋，水溅损失可能会波及其他文物库，所以要采用气体灭火系统。

## 二、森林景区消防安全管理

### 1. 森林景区消防安全的重要性

据2001年对100个省级自然保护区的调查显示，有82个正式开办了旅游，年旅游人次在10万人以上的有12家。以森林公园为例，2003年全国共有1 658处，接待旅游总人数1. 16亿人次，产值达96亿元。但整体而言，我国的森林资源总量不足，且近年来我国森林火灾一直呈上升的趋势。

相关案例及原因分类见表1—4。

**表1—4　　森林景区发生火灾的案例及原因分类**

| 类型 | 原因 | | 案例 |
| --- | --- | --- | --- |
| 天然 | 雷击起火 | | 2003年1月，雷击引燃澳大利亚堪培拉西北一国家公园，由于天气炎热，地形复杂，林火导致400所房屋焚毁，2人死亡 |
| | 林火自燃 | | 2003年10月28日，广东中山市紫马岭公园内一枯树树叶和生活垃圾堆垛发生火灾 |
| | 电线起火 | | 2005年1月4日，云南丽江玉龙雪山旅游风景区外围突发大火，高压电线碰电可能是导致火灾发生的原因 |
| 人为 | 当地居民 | 燃烧杂草 | 2004年4月1日，新疆伊犁察布查尔锡伯自治县河谷次生林清水湾度假村133亩次生林被烧毁，系景区周围农民烧稻茬造成 |
| | | 用电不当 | 2003年1月19日，湖北武当山遇真宫发生特大火灾被全部烧毁。原因系租用遇真宫的“武当山陈逵影视武术学校”的工作人员用电不当导致电灯烤燃他物而引发 |

续表

| 类型 | 原因 | | 案例 |
|---|---|---|---|
| 人为 | 当地居民 | 故意点火 | 2002 年 7 月，美国亚利桑那州一名业余消防队员故意纵火引发了一场罕见的森林大火，烧毁森林 18.3 万 $hm^2$，焚毁房屋 420 多间，迫使 4 万多居民逃离家园 |
| | 旅客 | 乱扔烟头 | 2005 年 4 月 4 日，山东临沂蒙山国家森林公园发生森林火灾，火头将蒙山北侧一个山头烧毁，失火原因系游人抽烟所致 |
| | | 烧烤、露营等野外用火不慎 | 2005 年 2 月 17 日，一名进入智利百内国家公园野营的捷克旅游者因违章在林区内烧烤引起了火灾，毁坏了 1.56 万 $hm^2$ 的林区，其中 3 000 多公顷是原始森林。<br>2005 年 7 月 16 日，西班牙马德里东部发生森林大火，烧毁了约 5 000 $hm^2$ 森林，至少 14 名消防队员在灭火行动中殉职，引发此次森林大火的原因是游客在野外烧烤时未能将明火熄灭所致 |
| | | 香客、清明祭祀用火不当 | 2005 年 1 月 1 日，深圳三洲田生态旅游区突发山火，烧毁面积达 4 000 多平方米。起火原因系登山祭祀烧香的游客用火不慎引起 |
| | | 无知点火 | 2004 年 11 月 29 日，3 名游客爬深圳梧桐山，其中 1 名男子不慎摔伤，而同伴由于无知竟点燃山上野草求救。经过 600 余人 4 小时全力扑救才将火扑灭 |

旅游景区森林火灾是旅游事故中最严重的灾害之一，“一点星星火，可毁万顷林”，辛辛苦苦几十年培育的林木顷刻间化为灰烬，对自然生态环境、当地居民和游客的生命、财产安全造成了重大损失。森林火灾后土壤呈酸性，生物生态因子发生紊乱，环境变劣。尤其 25 度以上的坡度受火灾后岩石裸露，森林很难恢复。在这种情况下，森林景区的消防安全就变得尤为重要。

**2. 森林景区常见火源**

据统计，风景区的火源主要有以下几种：

(1) 区域性火源是指火源比较多的区域，如回族公墓、白族祖基地、索道沿线等。这类火源比较集中，可采取巡逻与设岗相结合的方法，做到严防死守。

(2) 时令性火源是指什么时间、什么季节出现什么样的火源，如清明节群众上坟祭祖、三月街民族节青年男女到苍山脚下对歌、寒暑假学生野游及野炊活动，等等。这类火源随意性强，必须有针对性地进行防范，可采取加强入山人员火种收缴、指定范围、跟踪巡查等措施。

(3) 常年性火源是指常年在旅游区内用火的火源，如机动车辆、寺庙生活用火、电线光缆等，这类火源较容易控制，只要采取定期检查即可。

(4) 流动性火源是指不断变换位置，满山遍野活动的火源。如采集标本、动植物考察、野营等用火。这类火源危险性较大，最容易酿成火灾，因此，必须认真做好进山登记，严格用火审批，杜绝携带火种入山。

**3. 森林景区消防现状**

(1) 景区机构不健全，缺乏专人负责。管理机构建设在不同级别的自然保护区中存在明显差异，级别越高，有管理机构的保护区越多。如 226 个国家级自然保护区中有 222 个建立了独立的管理机构，655 个省级自然保护区中 467 个有管理机构，339 个地市级自然保护区中 160 个有管理机构，而 779 个县级自然保护区中有管理机构的仅 295 个。许多景区管理人员和旅游从业人员大多是当地没有接受过消防安全知识培训的居民，消防安全知识缺乏，整体素质不高。由于机构不健全，人员不专业，消防安全管理只能是放任自流，难以落实。

(2) 森林景区差异性大，防火工作复杂艰巨。森林景区分布面积广，森林植被类型不一，气候条件各异，人员素质参差不齐，给防火工作的开展带来了许多难度。大多数森林景区边境线长且还跨行政区域管理，管理措施难统一。景区内道路涉及衔接线、旅游区内干线、支线和游览线等多种类型，路口多，路线长，道路两旁人员活动频繁，火源管理防不胜防。此外，许多森林景区内山高坡陡，峡谷纵深，溪流湍急，地形相当复杂，一旦出现火情很难迅速组织扑救。

(3) 景区消防规划不到位，消防基础设施滞后。尽管许多森林景区都制定了旅游消防规划，但往往只是轻描淡写，没有实际内容，有的地方甚至没有制订相应的旅游消防规划。部分景区（点）承包经营者不愿对消防多投入，消防安全常常是挂在嘴上，却很少真正放在心上；一些旅游景点消防设施不配套或“带病”运行，它们由于在建设之初没有按照国家消防技术规范的要求建设，存在先天性火灾隐患。还有一些景点由于运作时间过长、缺乏必要的维护保养，不同程度地存在着诸如可燃材料未进行阻燃处理、消防水源不足、安全疏散不符合要求等火灾隐患。在旅游旺季，一些存在火灾隐患的景点或受巨大的利益驱动，或在当地政府和主管部门默许下，置消防法律法规于不顾，在未彻底整改火灾隐患的情况下接待游人，埋下了可能发生重、特大火灾的潜在危险。

(4) 森林景区建设资金不足，消防投入捉襟见肘。多年来，林业部门肩负着森林防火、保护野生动植物、防治病虫害以及禁止乱砍滥伐等多项任务，并且背负着员工工资、福利的重大包袱。由于地方财政资金有限，经常是负债经营，消防投入就难以保证。

(5) 消防管理缺乏有效的手段和措施。在一些森林景区当中，经营活动往往凌驾于一切之上，消防管理经常为之让步。景区管理部门及管理人员对消防工作仍是沿用“一听二看三问四查五整改”的老套套，对景区内的消防违法行为只是规劝或提醒，防范措施显得软弱无力。一些单位、场所和游客认为发生火灾的偶然性很大，侥幸和抵触心理严重，让管理者措手不及、防不胜防。

另外，法律责任不明确使森林火灾案件查处经常无法可依，难以让火灾肇事者承担相应的法律责任，达不到理想的效果。同时，森林火灾案件在调查取证方面存在如起火点的确定、肇事者证明等诸多困难，不少火灾案件难以及时侦破，森林火灾案件查处率较低。以湖南省为例，1990—2003 年全省发生的 8 929 次森林火灾中有 947 次未能查明火因，打击处理的只有 5 877 次 6 366 人，森林火灾案件综合查处率仅为 65.82%。

**4. 森林景区消防安全管理的对策**

我国森林防火的方针是“预防为主，积极消灭”。预防是森林防火的前提和关键，消灭是被动手段和挽救措施。只有把预防工作搞好了，才有可能不发生火灾或少发生火灾。一旦发生火灾，必须采取积极措施将其消灭。因此，在森林防火各项工作措施中，必须做到两手同时抓，即“一手抓预防，一手抓扑救”，且两手都要硬。森林景区消防安全是一个很重要的任务，应采取以下措施：

（1）加强公众教育，重视消防规划

公众消防意识淡薄是发生森林景区火灾的最主要原因，因此加强公众消防意识教育是关键。一方面，要对景区居民和经营单位采取签订《消防责任书》、发放宣传资料、召开会议等形式进行宣传教育。另一方面，要加强对进入景区人员的森林防火宣传教育。景区门票上要印刷森林防火注意事项，要在景区入口、游客休息场所、景区内的宾馆（饭店）和火险重点地段树立森林防火宣传牌，制作警示标志和刷写森林防火宣传标语。在 5 级风以上天气，森林旅游区要悬挂森林防火警示旗。

森林景区还要按照“旅游大消防”原则，编制专门的消防安全规划，建设旅游消防基础设施；建立旅游消防管理体系和消防安全宣传教育体系，形成“消防安全，人人参与”的局面。四川九寨沟景区编制了《九寨沟地区旅游消防发展总体规划》，起到了良好的效果，诠释着人与自然和谐发展的全新世界自然遗产的保护理念。

（2）掌握火源规律，严抓火源管理

火源管理是森林景区消防工作的重中之重，要掌握火源特征，有针对性地对风景区火源进行管理。

（3）管好关键对象，舍小利保大局

根据森林景区火灾发生的概率，要对关键人群、时段和部位进行管理，以此提高工作效率。关键人群主要是指自制力不强的人群，如小孩和有智障者；关键时段主要是旅游旺季、清明扫墓和干燥多风季节等；关键部位主要是指露营、烧烤、佛道教寺庙等场所。如果开展野营、野炊、烧烤等项目，必须划定专用活动场地，四周要设防火隔离带，确定专人看管，严格用火制度；野营、烧烤用柴应由旅游区负责提供，不允许旅游者自己在林内拾柴或乱攀折树枝，以免损坏林木或迷失道路及发生其他意外。在火险高危时段，森林景区要果断“禁游”，确保万无一失。如九寨沟景区从每年 11 月初起至第二年 4 月中旬进入护林防火警戒期，部分区域将不对游人开放。这期间九寨沟将关闭五彩池至则查洼段栈道和箭竹海至原始森林景区，将潜在的火灾危险降到了最低点。

（4）实施科技消防，保障资金投入

加大景区消防系统的科技含量也是提高消防管理水平的重要手段。如九寨沟管理局实施“数字九寨沟”工程，运用高科技手段进行科学管理：在景区入口处不远的指挥中心里，负责人可以通过分布在各处的 89 个监视器，对景点的消防安全进行 24 小时的动态监测和指挥调度。在防灭火设施建设方面，黄山景区也加大了资金的投入，引进了高科技技术：到目前为止，景区已经先后累计投入了 2 000 余万元的防火资金，完善了瞭望台的基础设施，以增强瞭望能力；组建了防火专用通信网，以及时报告防火信息；在游道的两边还修建了防火蓄水池 112 个，总蓄水量近 1 200 $m^3$，全山建立了水网扑火规划工程，通过小型蓄水库、水泵接力管道，并在全山科学、合理地布点，以达到扑火最佳效果；同时，景区还在外围部分地区加强了生物防护林带工程建设，建成木荷防护林 200 余公顷，在景区道路两旁栽培大量的耐火植物也尝试成功。森林旅游景区每年必须从门票收入中安排一定的资金用于林区的森林防火基础设施建设和森林消防队伍建设，不断提高森林火灾的防范和扑救能力。

（5）组织专门队伍，强化消防培训

森林旅游景区要组建专（兼）职的消防队伍。如黄山风景区从1987年就组建了由50人组成的专业防火大队，划分为3个中队，分驻全山主要景区，负责全山80余千米登山道路及基建工地、工棚的巡护检查、督查、防火宣传和火灾扑救等工作。景区要有计划、分批次地组织消防安全责任人、消防安全管理人、专（兼）职防火员、重点岗位、特殊工种人员到消防部门参加消防培训，把取得合格证作为上岗的必要条件之一。目前，张家界武陵源区1万多名旅游从业人员中，已经有近5 000人经过武陵源消防大队培训，拿到了“消防安全培训合格证”，为旅游区的消防安全奠定了一个良好的基础。

（6）落实消防责任

层层签订责任状，建立岗位责任制，把防火工作的好坏与效益挂钩，真正构建起森林景区防火的责任体系。加强森林防火责任追究，规定凡因人员不到位、责任不明确、发生火警后领导不及时赶赴火场，酿成重大后果或造成人员伤亡，将对责任人进行严肃处理，绝不姑息迁就。

知识链接

庐山景区森林防火管理规定：

一、庐山防火技术体系效应

1. 利用庐山历史火灾资料绘制成林火发生图、火源分布图，区划出轻、低、中、高4个火险等级，配置了防火力量和防火设备图。防火部门应用此图，根据气象部门的火险天气预报，确定火险天气等级就可采取对应的防火措施。即使起火，需要的扑火设备和调用扑火人员数均已计算好，防火指挥部可指挥扑火人员及时赶往火场扑火。

2. 确定易燃、可燃、难燃树种。某个树种是否易燃、难燃可从其含水率、粗脂肪、粗灰分和热值等的高低测定。

3. 防火林带的防火效应，在庐山火灾多发地段共营造防火林带16.15 km，其中木荷11.153 km，茶叶4.997 km，木荷与茶叶具有抗火和阻火能力，可使蔓延到林带的林火逐渐熄火，选其作防火林带树种不但自身具有抗火阻火的能力，同时防火林带建设改变了林带内小气候环境。据测定，林带内比林外日均气温低1.41℃，最高气温低4.5℃，最低气温低3.0℃，风速低0.67 m/s，相对湿度比林外高9%，温低湿大风小是理想的熄火条件。

4. 环境因素影响林火的发生。1991—1999年9年间庐山发生林火的月均气温均在0～10℃发生火灾的范围内，且历次发生火灾的时间均在9：00—16：00之间，在庐山历次火灾中除1995年3月7日相对湿度达54%，其他均在50%以下，相对湿度低创造了火灾发生条件。月降水量＞100 mm不发生或很少发生火灾，防火期间月降水量＜40 mm极易发生森林火灾，在庐山历次林火发生中月降水量均在100 mm以下。通常风速＞2 m/s易发生火情，庐山发生火灾的风速均＞2.3 m/s，平均达3.2 m/s，可见风速越大火灾发生的次数越多。连旱指降水量＜5 mm的天数，连旱超过10天易发生森林火灾，连旱超过30天易出现特大森林火灾，根据庐山历年火灾资料发现，历次火灾连旱平均天数达14.8天，干旱日子越长，气温越高，相对湿度越小，林内地被物越干燥越易发生火灾。随着海拔高度增加一般发生林火次数下降，在庐山历次林火中除2次，其余均在1 000 m以下。庐山历次火灾中只有1次坡度为15°，其余均＞50°，坡陡水分易流失，可燃物易干燥，火势蔓延快，如小火未及时扑灭则引起大火，其后果不堪设想，景点遭破坏，森林难以恢复。庐山林火主要发生在南坡，其次为东坡，平地发生只有1次，这主要是由于南坡、东坡日照强，温度高，湿度小，蒸发快，可燃物易干易燃易蔓延所致。

二、庐山防火技术体系措施

庐山防火技术体系措施包括：加强群众性防火，庐山87.5%的火源是人为火源，因此必须大力加强护林防火宣传教育，增强林区居民防火意识，加强火源管理；加强法制观念教育，建立健全各种规章制度，在景点设立防火标志，指定游客吸烟地点，旅游季节在进山处应向游客发放防火传单，中小学生增设防火课程或由防火部门派出人员定期到各中小学作防火专题报告；建立森林防火“信息高速公路”，加强林火监测，通过卫星遥感监测，提高发现火情的能力，加强指挥决策，在防火指挥中心通过地面监测和卫星监测系统，随时在计算机中监测雷击火发生的准确位置，做出雷击火预报；加强火险预报，利用“森林防火信息化系统”建立“森林火险预报子系统”，负责火险等级的计算和发布；采用生物防火，加强营林管理，减少可燃物积累，营造混交林和防火林，利用生物与生物工程减少可燃物的积累；化学防火，利用化学灭火剂阻滞林火的发生和蔓延；建立防火池，在庐山顶建立适度的小型水库或防火池，不但可增添景观，还可在汛期积水，干旱或火灾时就地利用水源，起到防火灭火等多种作用；实行人工降雨，根据连旱程度，适当进行人工降雨，增加可燃物含水率，降低其燃烧性。

## 三、餐饮场所火灾防范措施

旅游饮食中的火灾主要发生在旅游饭店或高档社会餐饮的厨房中。旅游饭店和高档社会餐饮因规模较大、档次较高，具备了较为现代化的厨房，因此，厨房中的各种电器、电路、管道、烹饪设备等较多，火灾的隐患也相对较多。尤其是厨房中大量集中了燃料，又有不少可燃物，危险系数较高，一旦发生火患，对旅游者的生命与财产损伤较大。例如，1995 年 2 月 15 日晚，台湾台中市中港路卫尔康西餐厅发生岛内伤亡最惨重的火灾，至少 73 人死亡、10 多人受伤，3 栋房屋全毁，2 栋房屋半毁，损失汽车 30 多辆。初步调查是因瓦斯外泄引起爆炸，且装潢材料大部分是易燃的。

另外，随着火锅的兴起，旅游者对火锅的钟爱一直不减，餐厅中的火锅大多采用瓶装液化石油气做燃料，几十个瓶装液化气同时在餐厅中使用，其危险程度可想而知。

饮食场所消防安全管理是旅游饮食安全管理的重要内容之一。由于饮食场所的厨房中各种电器、电路、油气管道及烹饪设施设备较多，是旅游饮食场所火灾的主要隐患。因此，饮食场所的消防安全管理主要是厨房的防火。造成厨房火灾的主要原因有：电器失火、烹调起火、抽烟失火、管道起火、加热设备起火以及其他人为因素造成的火灾等。为了避免火灾的发生，需采用以下预防措施：

（1）厨房各种电气设备的使用和操作必须制定安全操作规程，并严格执行。

（2）厨房内的各种电动设备的安装和使用必须符合防火安全要求，严禁野蛮操作。各种电器绝缘要好，接头要牢固，要有严格的保险装置。

（3）厨房内的煤气管道及各种灶具附近不准堆放可燃、易燃、易爆物品。煤气罐与燃烧器及其他火源的距离不得少于 1. 5 m。

（4）各种灶具及煤气罐的维修与保养应指定专人负责。

卡式炉燃气罐漏气引起爆炸起火及伤人事故也发生过多起，因为气罐里的气体是加压液化的，如果灶具劣质或连接胶管破裂造成气体泄漏，跑出的气体会迅速膨胀到原体积的 250 倍，并吸收大量的热，这种气体与空气混合后形成爆炸混合物，达到爆炸浓度范围后遇明火就会引起爆燃起火事故。这种爆燃的速度极快，只在一瞬间完成，所以在其周围的人员无法逃脱，必遭厄运。对卡式炉燃气罐必须检查：其一产品标识要符合《产品质量法》的要求；其二要附有产品检验合格证；其三罐装燃气须是液化丁烷气；其四罐体上标明“一次性使用”或标明“不可重复灌装”；其五要注明罐重和净重，不得超重。对不符合上述条件的，应立即杜绝使用。同时，液化石油气罐即使气体用完后，罐内的液体也不能乱倒，否则极易引起火灾和环境污染。因此，在使用液化石油气时，要由专职人员负责开关阀门，负责换气。

厨房内的灶具应经常检查和保养，防止因阀门、管道等损坏造成泄漏而形成爆炸气体混合物。气罐不得重复灌装，也不要使其受热、受撞击或腐蚀，更不得倒置使用，保证安全使用。厨房内应做到人走火灭，以免沸水浇灭火焰或烧干食物引起火灾。可燃物应远离火焰。烹调操作要控制好用火量，油炸食品时要严格控制好锅内油量和油温，防止发生油温过高着火或沸溢。油渣和油抹布具有自燃的可能，应集中埋掉，不可堆积在可燃物之上或附近。厨房的烟道、烟囱内不应埋有木柱等可燃物，发现裂缝和损坏应及时修补，并宜用白灰抹面，便于发现缝隙，用火量不应过猛，以免引起烟囱、烟道内油污烟垢燃烧而造成窜火或飞火。煤灰、木炭灰内确认无残火及降温后倒至指定的安全地点。

(5) 炉灶要保持清洁，排油烟机烟罩要定期擦洗、保养，保证设备正常运转。

(6) 厨房在油炸、烘烤各种食物时，油锅及烤箱温度应控制得当，油锅内的油量不得超过最大限度的容量。

(7) 正在使用火源的工作人员，不得随意离开自己的岗位，不得粗心大意，以防发生意外。

(8) 厨房工作人员在下班前，各岗位要有专人负责关闭能源阀门及开关，负责检查火种是否已全部熄灭。

(9) 楼层厨房一般不得使用瓶装液化石油气。煤气管道也应从室外单独引入，不得穿过客房或其他房间。

（10）消防器材要在固定位置存放。

## 四、古建筑防火措施

古建筑是国家重要的历史文化遗产，是国家文明的重要标志。加强古建筑的消防工作，确保古建筑的消防安全，是保护珍贵历史文化遗产的一项紧迫而又重要的任务。

### 1. 古建筑防火的必要性

古建筑起火，造成的火灾损失是无法以金钱来计算的。除建筑物本身的价值以外，在建筑物内一般都藏有大量文物和珍贵的艺术品。这些文物和艺术品对研究历史、宗教、天文、星算、医学、文化、艺术等，都具有重要的意义。

古建筑是某一地区、某一时代文化发展的标志，代表了当地特有的奇迹。它能反映文化发展的延续性，形象地说明历史的渊源和脉流。古建筑作为一种精神象征，能给予后人精神上的鼓舞和激励。

古建筑凝聚着古代先民和匠师的智慧，生动地反映了当时的文化艺术、科学技术水平和政治、经济、社会、宗教、民俗等形态，是中华民族五千年文明史的极好见证。古建筑及其独特的几何形体，具有一种整体的美感，有人把它喻为“凝固的音乐”。我国古建筑除了自身的建筑艺术价值以外，还往往是文物荟萃之所，保存着大量的历史雕塑、绘画，还有大批瓷器、漆器、玉器等摆件，同时还保存着大量的古代碑刻，具有极强的文化欣赏价值。

同时，古建筑也是我国发展旅游业的重要资源。许多古建筑现已被作为博物馆、旅游点，同各地的自然风光融为一体，吸引着大量的中外游客，给国家增添了大量的旅游收入。

### 2. 古建筑的火灾危险性

（1）火灾荷载大，耐火等级低

我国古建筑绝大多数以木材为主要材料，以木构架为主要结构形式，其耐火等级低。古建筑中的木材，经过多年的干燥，成了

“全干材”，含水量很低，因此极易燃烧，特别是一些枯朽的木材，由于质地疏松，在干燥的季节，遇到火星也会起火。我国古建筑多采用松、柏、杉、楠等木材，火灾荷载远远高于现行的国家标准所规定的火灾荷载量，火灾危险性极大。

古建筑中的各种木材构件具有特别良好的燃烧和传播火焰的条件。古建筑起火后，犹如架满了干柴的炉膛，而屋顶严实紧密，在发生火灾时，屋顶内部的烟热不易散发，温度容易积聚，迅速导致“轰燃”。古建筑的梁、柱、椽等构件，表面积大，木材的裂缝和拼接的缝隙多，再加上大多数通风条件比较好，有的古建筑更是建在高山之巅，发生火灾后火势蔓延快，燃烧猛烈，极易形成立体燃烧。

（2）无防火间距，容易出现“火烧连营”

我国的古建筑多数是以各式各样的单体建筑为基础，组成各种庭院。在庭院布局中，基本采用“四合院”和“廊院”的形式。这两种布局形式都缺少防火分隔和安全空间，如果其中一处起火，一时得不到有效控制，毗连的木结构建筑很快就会出现大面积燃烧，形成火烧连营的局面。

（3）火灾扑救难度大

我国的古建筑分布在全国各地，且大多数远离城镇，建于环境幽静的高山深谷之中。这些古建筑普遍缺乏自防自救能力，既没有足够的训练有素的专职消防队员，也没有配备安装有效的消防设施，一旦发生火灾，位于城镇的消防队鞭长莫及，只有任其燃烧，直至烧完为止。大多数古建筑都缺乏消防水源，而对于一些高大的古建筑更是有水难攻，再加上古建筑周围的道路大多狭窄，有的还设有门槛、台阶，消防车根本无法通行，这些都给火灾扑救工作带来很大的困难。

（4）古建筑的管理和使用中问题较多

许多古建筑景区的主管部门分工不明确、职责不清，往往为了追逐经济利益而忽视了消防安全管理。在古建筑的使用中，一些地方利用古建筑开设旅馆、饭店、招待所等，火源管理不严，电线乱拉乱接，线路开关随意乱设，消防设施配备数量不足，消防水源缺乏。

**3. 古建筑诱发火灾的主要原因**

新中国成立以前，我国古建筑起火多数是雷击和战争引起的。新中国成立后，一些古建筑被随意改变其使用性质，火灾时有发生，原因也大不相同，归纳起来主要有生活用火不慎、电线电器设备起火、乱扔烟头起火、小孩玩火、宗教活动、雷击起火和生产用火。

**血的教训**

1982 年 2 月 10 日晚，位于海淀区的万寿寺西路行宫由于小孩玩火引燃致灾，将前行殿、东西配殿游廊、垂花门全部烧毁，过火面积 800 余平方米，损失约 80 万元。

1983 年 4 月 5 日凌晨，位于海淀区的大慧寺发生火灾。

1990 年 1 月 25 日，青海海南州石藏寺发生特大火灾。

1992 年 9 月 19 日，扬州市旌忠寺藏经楼因遗留烟头发生火灾。

1995 年 5 月 8 日，位于东城区的故宫坤宁宫东耳房发生火灾。

2000 年 2 月 29 日，四川梓潼县七曲山大庙发生火灾，将关圣殿侧面牌楼烧毁。

2001 年 6 月位于杭州葛岭的抱朴道院发生火灾，由于道院的消防设施缺乏，自救不力，加上消防车上不了山，致使火势迅速蔓延，最终酿成 2 死 2 伤、800 多平方米古建筑被烧的恶性火灾。

2002 年 12 月 2 日，山西宁武一座始建于唐代的悬空寺院发生火灾，悬空寺惨遭灭顶之灾。

2003 年 1 月 19 日晚，武当山古建筑群中的重要宫殿之一——遇真宫发生了一起特大火灾。大火烧毁了具有几百年历史的大殿，大火灼痛了武当山。

2003年3月，山西大同市广灵县文庙发生火灾，由于该县没有消防队，再加上水源缺乏，导致文庙大殿付之一炬。

2004年6月20日，始建于元代的京城皇家巨刹护国寺西配殿发生火灾，原因是服装厂变电箱起火，过火面积187平方米，经历了700多年风雨的西配殿在熊熊大火中被烧得面目全非，只剩下断壁残垣。

**4. 古建筑的火灾防范措施**

（1）提高认识，加强组织领导

古建筑景区或其他的管理与使用单位，要切实做到同计划、同部署、同检查、同总结、同评比，使防火工作做到经常化、制度化；古建筑管理与使用单位的行政领导人，即为该单位的防火安全负责人，全面负责本单位的消防安全工作。其具体任务是：

①贯彻执行国家和当地政府发布的消防法规和有关指示。

②认真实行逐级防火负责制和岗位防火责任制。

③领导制定和督促实施各项防火安全管理制度。

④领导开展防火宣传教育，普及消防知识。

⑤定期组织防火安全检查，及时整改火险隐患。

⑥组织领导专、兼职消防人员和群众性义务消防队开展工作。

⑦负责规划配置消防器材设备和水源设施。

⑧领导制订灭火计划，发生火灾时及时组织有效的扑救。

⑨参与火灾原因调查，总结经验教训，改进工作。

各古建筑的管理与使用单位，应根据范围、任务大小，配备专职或兼职的消防管理干部，建立群众性的义务消防组织，定期教育训练，开展经常性的自防与联防活动。做到平时能防火，有灾能及时扑救。凡在古建筑单位工作的职工和宗教职业者，均须具有基本的防火与灭火知识，积极参与消防活动，并作为工作考核的一个条件。古建筑管理与使用单位的消防设施和各项防火活动经费，在本单位管理费中开支。如需设置重大的消防安全设施，报请上级主管部门拨款解决。

(2) 防范措施

①凡古建筑的管理、使用单位，必须严格对一切火源、电源和各种易燃、易爆物品的管理。禁止在古建筑保护范围内堆存柴草、木料等易燃可燃物品。严禁将煤气、液化石油气等引入古建筑物内。

②禁止利用古建筑当旅店、食堂、招待所或职工宿舍。禁止在古建筑的主要殿屋进行生产、生活用火。在厢房、走廊、庭院等处需设置生活用火时，必须有防火安全措施，并报请上级文物管理部门和当地公安机关批准，否则一律取缔。

③在重点要害场所，应设置“禁止烟火”的明显标志。指定为宗教活动场所的古建筑，如要点灯、烧纸、焚香时，必须在指定地点进行且具有防火设施，并有专人看管或采取值班巡查等措施。

④在古建筑物内安装电灯和其他电器设备，必须经文物行政管理部门和公安消防部门批准，并严格执行电气安全技术规程。已经引入电源的重点文物保护单位，要补办审批手续。凡违反消防安全要求的，必须限期拆除或另行安装。

⑤凡与古建筑毗连的其他房屋，应有防火分隔墙或开辟消防通道。古建筑保护区的通道、出入口必须保持畅通，不得堵塞和侵占。

⑥古建筑需要修缮时，应由古建筑的管理与使用单位和施工单位共同制订消防安全措施，严格管理制度，明确责任，并报上级管理部门和当地公安机关批准后，才能开工。在修缮过程中，应有防火人员值班巡逻检查，遇有情况及时处理。

⑦预防雷击引起火灾。在高大的古建筑物上，应视地形地物需要，安装避雷设施，并在每年雷雨季节前进行检测维修，保证完好有效。

⑧各古建筑的管理与使用单位应结合单位实际情况，制订消防安全管理的具体办法，明文公布执行。

(3) 灭火

古建筑保护区，必须设有相当数量的消防用水。

①在城市有消防管道的地区，要参照有关规定的要求，设置消火栓。在缺乏水源的地区，要增设消防水缸，修建蓄水池。供古建筑消防用水的天然水源，要在适当地点修建可供消防车吸水的码头。原有的天然水源，应妥善维护，保障消防用水。

②古建筑管理与使用单位应根据需要，配备相应的灭火器具与报警设施。在收藏、陈列珍贵文物的重点要害部位，要根据实际需要，逐步安装自动报警与灭火装置，定期测试，保持完好。

③公民在发现火警时，应迅速报警，并立即进行扑救。起火单位的领导人，必须及时组织力量，迅速有效地进行扑救。邻近单位和群众均应积极支援。

## 第七节　旅游景区自然灾害防治管理

近年来发生的重大自然灾害令人触目惊心，给很多国家和地区都造成了巨大损失，也给某些旅游景区带来了毁灭性的打击。例如：2004 年 12 月 26 日印度洋地震引发的海啸使印尼、印度、泰国、斯里兰卡等多个国家受灾，泰国和斯里兰卡等国的旅游业也遭到重创，海啸共造成约 30 万人死亡。

### 一、旅游景区自然灾害的防治管理

#### 1. 防治管理现状

旅游景区灾害防治管理工作是景区管理部门工作的重点和难点。现在，景区的日常灾害防治管理工作一般由地方治安管理部门和相关旅游机构共同负责或分别管辖，大多数景区都能配合相关管理部门进行景区安全的监督、管理，景区自然灾害的防治管理也有较大进步。表现在：

（1）旅游旺季、重大节日等特殊时期能有意识地加强景区安全管理，增加安全保障。

## 知识链接

近年来，随着全球气候的变化和人类活动对自然环境的不断影响，自然灾害除了突发性、不确定性、危害性等人类熟知的特征，又表现出了很多新的特征：

1. 突发性特大自然灾害发生的频率更高

自 2004 年 12 月 26 日印尼地震海啸灾害发生以来，全球灾害连续不断，美国飓风，中国台风，东南亚洪水，灾害让人防不胜防。中国自然灾害的增强趋势也令人担忧。

2. 造成的人员伤亡和经济损失更加巨大

近几年自然灾害的发生不仅仅影响了当地生态平衡，而且使受灾地蒙受巨大的经济损失，还造成数以千万计的人员伤亡，甚至给受灾地带来毁灭性的破坏。

3. 影响范围更广

近年来，自然灾害的破坏范围往往是区域性、全球性的：2004 年 12 月印尼海啸危及东南亚及南亚多个国家，甚至波斯湾的阿曼、非洲东岸的索马里等岛国也遭受了损失；2005 年 8 月飓风袭击了美国南部 3 个州（路易斯安那州、密西西比州和亚拉巴马州）。

4. 对灾害高风险地区的威胁更严重

灾害高风险地区是指处于特殊地理位置、易发生自然灾害的地区（如沿海地区和位于各个大地震带的地区等）。现在，很多灾害高风险地区往往也是旅游景区，所以人口密度很高，其受自然灾害的威胁程度也更严重。

5. 灾害的链接性、叠加性突出

自然界中的气候灾害、地质灾害和生物灾害之间往往构成一个灾害链，如大灾之后有大疫、地震常常引发海啸、气候灾害常常诱发滑坡、泥石流及塌陷等，且灾害常常集中发生，相互叠加，加剧了灾害的危害。

自然灾害特征的新变化使以前的减灾策略和措施显得相对滞后，我们必须针对这些新特征，调整减灾思路，重视国家减灾和区域减灾相结合，并且利用系统减灾的方法提高区域减灾能力。

（2）对可能影响旅游者生命安全的环境因素更加重视。

（3）对旅游设施、设备的安全管理更规范。

**2. 存在的问题**

随着出游人数的迅猛增长和自然灾害的频繁发生，很多景区的自然灾害防治管理存在的问题也日益突出：

（1）多头管理、体制不清

景区灾害防治管理工作涉及多个政府职能机构（如城建、旅游、林业、公安等），但是这些部门、机构大多没有完全理顺彼此之间的行政关系，管理体制与运作机制尚不健全，由此导致多头管理和管理的“真空地带”，当灾害发生时往往缺乏统一、权威的指挥协调机构。

（2）重救援、轻预防

很多景区把自然灾害防治管理的重点放在了灾害救援上，忽视预防工作。这种重救援、轻预防的做法，往往使自然灾害造成的灾情更严重，给旅游者和旅游业带来很多不必要的损失。

（3）主观认识不足

景区对旅游安全存在主观认识不够甚至认识错误的问题。有些景区的管理部门把景区安全工作看成是地方治安管理部门和政府的分内之事，对自然灾害的防治只是被动地配合减灾，没有主动的防灾意识和行动。

(4) 信息系统建设滞后

各部门、地区间自然灾害信息资源共享程度低，景区管理信息化建设滞后，报警渠道不清，信息阻塞、传递迟缓。

(5) 减灾培训和防灾宣传力度不够

景区对减灾专业技能培训和防灾知识的宣传工作不够重视，游客、导游和相关工作人员的灾害防范意识不强，救灾知识不足。

(6) 抢险救灾的专业队伍分散在各个部门，数量不足，实力不强。

## 二、旅游景区自然灾害的防范

旅游景区要从根本上提高减灾能力，必须建立一套完善的自然灾害防治管理体系。自然灾害的防范也是旅游景区灾害防治管理很重要的一方面。景区应结合自己的具体情况，积极主动地从各个方面加强灾害防范，以减少自然灾害发生的可能性，降低灾害损失。相关建议如下：

### 1. 救援指挥中心

景区应设立灾害救援指挥中心，由景区最高负责人任指挥长。灾害发生后救援指挥中心是负责救灾管理的最高指挥机构，统一安排救灾的各项工作。

### 2. 安全管理部门

(1) 景区应设有完善的安全管理部门，专门负责景区自然灾害的预测、防范和救援。

(2) 景区安全管理部门应遵循“统一领导、分级管理、以基层为主”的原则，贯彻“全面规划，综合治理，防治结合，以防为主”的自然灾害防治方针。

(3) 景区安全管理部门应建立科学全面的安全管理制度，将安全管理的责任落实到各个岗位、每个职工。

### 3. 灾害防范设施

(1) 景区内应设有多个 24 小时开通的求助和报警热线，并派专人轮流值守。

(2) 景区的主要景点应有灾害警铃、固定求救电话、广播等示警设备和贯穿整个景区游览线路的广播和警铃系统。

(3) 景区安全管理部门的工作人员应配备可靠的移动通信设备，如对讲机、手机等。

(4) 景区应根据当地的气候和天气情况，在易发生自然灾害的危险地段、场所设置规范、醒目的中英文警示标志或禁止进入标志。

(5) 景区在各个公共建筑、娱乐场所和客流量较大的地段应设有安全出口、应急通道和安全疏散通道，并确保这些通道保持畅通。

(6) 景区消防管理应符合《中华人民共和国消防法》和其他相关标准的规定，并对消防设施进行定期检查。

(7) 景区应杜绝破坏生态平衡的规划方案，应在景区周围修建防护林、塘坝、排洪渠等防灾基础工程，并修建与景区规模匹配的地震避难所、防洪高台和其他布局合理的灾害避难所。

(8) 景区应配备有一定规模的医疗室（站），其设施的配置应达到《旅游规划通则》的相关要求。

(9) 景区应配备可联网的计算机，与相关自然灾害专家达成协议，能及时针对灾情与其进行网上咨询。

**4. 救灾措施储备**

(1) 景区安全管理部门应针对自然灾害多发期制订周全、合理的特别安全措施；并配合各级旅游行政部门，针对景区可能遭受的自然灾害分别制订多套科学、周密的紧急救援预案。

(2) 景区安全管理部门应建立科学、有效的计算机应急决策支持系统，及时利用地理信息系统的空间分析和模拟技术，确定景区周边地区最近的可用避灾场所。

(3) 景区应根据自己的实际情况，联合公安、交警、医院、消防、客运、海事、电力等多个部门对既定救灾预案进行多次实地演练，并请相关专家针对演练中的薄弱环节，完善救灾预案，加强各部门应对灾害时的协调能力。

**5. 相关工作人员**

(1) 景区安全管理部门工作人员的文化素质应符合从业资格规定。

(2) 景区应设立多名熟悉地形的当地人作备用人工联系和传达消息者，以防通信设施遭意外破坏时无法顺利沟通。

(3) 景区安全管理部门应派多名工作人员专职巡逻、检查，并随时向上级汇报灾害检查情况。

(4) 导游（讲解员）应持证上岗，有基本的专业知识、很强的防灾救灾意识和责任感。景区安全部门还应该对其员工进行救护培训，使他们掌握基本的急救手段（如人工呼吸等）、自我保护措施和基本救灾方法。

**知识链接**

重庆市主要旅游气象气候灾害及防治对策：

重庆市是我国西部的优秀旅游城市，也是我国旅游资源非常丰富的直辖市。重庆直辖以来，旅游总收入以每年19.6%的速度增长，但与东部直辖市相比，还有较大的差距。究其原因，其中旅游气象气候灾害是旅游经济发展的限制性因素之一，是旅游业发展的不利条件。

一、旅游气象气候灾害的种类及成因

重庆市地域辽阔，地貌类型复杂，气象气候灾害频繁，影响地域广泛。对旅游活动有显著影响的气象气候灾害有：高温热害、暴雨洪涝、浓雾等。

1. 高温热害

第一，分布范围广。据统计，全市绝大部分旅游区最热月均温都在27.59～28.5℃之间，极端最高气温均在35℃以上，3/4的旅游区极端最高气温达40.0℃以上。第二，酷暑程度深。重庆极端最高气温达42.0℃以上的区县有沙坪坝、北碚、丰都、涪陵、彭水、开县、忠县、万州等地。特别是都市旅游中心极端最高气温达42.2℃，缙云山一钓鱼城古战场遗址区达43℃，长江三峡黄金旅游线最高达43.5℃，成为我国高温酷暑程度最深的旅游区。第三，维持时间长。重庆市高温酷暑天气维持时间长，对旅游活动影响大。多数旅游区极端最高气温达35℃炎热天气的年均日数在20天以上。第四，热害频率高。重庆市八大特色旅游区、都市旅游中心以及长江三峡黄金旅游线每年都有热害天气出现，热灾频率达到100%。第五，夏季旅游气候舒适日数少。重庆市夏季旅游气候舒适日数仅占总日数的35%，大部分舒适日数较少。

2. 浓雾灾害

重庆是世界闻名的“雾都”。从空间分布来看，近30年来，大部分地区年均雾日在35～50天。都市旅游中心因受城市大气污染的影响，成为雾日最多的地区之一，沙坪坝年均雾日达67.8天。四面山一金佛山生态旅游区主要受地形因素的影响，雾日多达270天。渝西大足石刻艺术旅游区年均雾日达50天左右。东北部的巫山小三峡旅游区以及万州科考区的云阳、城口等地雾日较少，年均雾日不足10天。

从时间分布来看，重庆雾日数具有明显的年变化。在20世纪90年代，浓雾年均日数只有30～40天。进入21世纪后，三峡水库蓄水到135米，水域面积增加，导致长江黄金旅游线一带秋冬季节雾日明显增多。

3. 暴雨洪涝

全市暴雨洪涝灾害造成的损失每年都在数千万元左右，特别是山区，由暴雨产生的次生灾害如诱发的泥石流、崩塌、滑坡等现象频繁发生，给旅游业造成重大损失。暴雨洪涝发生在每年的4

月下旬到10月上旬，而此季节正是旅游活动的旺季，因而对旅游业影响较大。

二、重庆市旅游气象气候灾害的防灾减灾对策

1. 高温热害的防灾减灾对策

（1）扩大城市绿化覆盖率

一是营造环城森林带。重庆都市旅游圈位于明月山和云山之间，区内丘陵广布，地面坡度和地表起伏度大，城市建设用地仅分布在其间的缓丘、平坝、台地上。为了改善都市旅游中心区夏季炎热的气候状况，可在城区周围营造数千米宽的环城森林带，使都市旅游区成为茫茫林海中的“岛屿”，从而产生林地与“岛屿”间的局地热力环流。周围郊区的凉风向旅游中心区微微吹去，给城区带来凉爽的空气。

二是扩大城市公用绿地面积。要加强市区的公园、动物园、森林公园、街道广场的绿化力度，也要将斜坡陡坎等难利用的土地绿化起来，提高绿化覆盖率。要加强城区附近风景游览地的建设，以便调节城区赤日炎炎的盛夏气候，也为旅游者提供消夏避暑的旅游环境。

（2）减少人为热和温室气体的排放

要适当调整城市的能源政策，改变城市的能源结构。要控制煤炭用量，大力提倡使用天然气、石油等清洁能源，提高油气在燃料消费中的比例。提高水电电能的利用比重。提倡以发展太阳能等新型能源来代替煤烟型能源。

（3）增加城区喷水、洒水设施

如在城区的绿地公园、街头绿地以及立交桥绿地等增加喷水设施，使城市下垫面的蒸发量增多，耗去地面与空气的热量。

（4）增大城市下垫面对太阳辐射的反射能力

如建筑物表面用浅色材料装饰，增大下垫面对太阳辐射的反射

能力，减小下垫面增温的幅度。

2. 浓雾灾害的防灾减灾对策

(1) 减少大气中烟尘的排放量

第一，改变燃料构成，减少颗粒污染物的生成。如用天然气等清洁能源代替煤；用水电代替煤发电。第二，在烟气排放过程中，采用干式除尘装置、湿式除尘装置、过滤式除尘装置、电除尘装置等方式，将尘粒除掉，减少固体污染物的排放量。

(2) 控制城市建设过程中的粉尘排放量

重庆城市规模的扩大以及三峡库区百万移民的实施，使长江沿线的城市迁建、重建以及道路修建任务都十分繁重。在城市以及道路建设过程中，常出现尘土飞扬的景象，使排放到大气中的粉尘等固体污染物增加。因此，要制定相应的法律法规，严格管理各类建设工地，使粉尘的排放量达到最低限度。

(3) 采用“人工消雾”措施

人工消雾是减轻雾灾最根本的措施。根据重庆雾的特点，可采用人工消雾的方法如吸湿法、地面加热法、激光消雾法等，使雾滴蒸发，改善空气的能见度。

(4) 制定雾灾应急预案

制定浓雾灾害的应急预案，是避免或减轻旅游交通事故的有效防御措施。无论是公路交通、航空交通以及水运交通，都应具有适合本地特点的、行之有效的应急方案，使浓雾灾害发生时，能沉着应对各种复杂局面，有条不紊地按预定方案行事，从而尽量避免旅游交通事故的发生。

3. 暴雨洪涝的防灾减灾措施

(1) 绿化造林

暴雨洪涝对人类的影响与生态环境的破坏有关，特别是乱砍滥伐造成的绿地面积的减少影响最为明显。因此，要封山造林，退耕还林还草，扩大绿地覆盖率，做好水土保持工作，这是防御洪涝灾害的主要措施。

（2）建立行之有效的安全措施

重庆市自然旅游资源中，峡谷旅游景观极为丰富，如大宁河小三峡、马渡河小小三峡、万盛黑山谷（鲤鱼河峡谷）、金刀峡景观等。由于峡谷地区河道狭窄，当有暴雨出现时，河水下泄能力减弱，水位上涨迅速，因此，各旅游景区应建立有效的预防措施。第一，要建立暴雨洪涝灾害的预警系统，阻止游客在暴雨洪涝期间进入峡谷景区。第二，峡谷两岸应适当建有后退的平台，给遇到突发性暴雨洪涝灾害的游客提供安全的避难地。特别是万盛黑山谷旅游景区，该景区峡谷非常狭窄，两岸十分陡峭，游客所走的路面与河流水面的高差很小，许多路段是建在河流水面上的浮桥，当暴雨洪涝袭击时更容易给游客带来灾难。第三，旅游管理部门应有遇到突发暴雨洪涝灾害的具体救助设施和能力，避免旅游事故的发生。第四，在山地旅游景区，当暴雨产生时容易产生滑坡、崩塌、泥石流等地质灾害，应避免在山地陡峭、有地质灾害隐患的地方建观景台以及其他建筑物，禁止在这些地方逗留，并应有警示标志。

## 第八节　旅游景区人群事故预防

### 一、旅游景区容量问题

#### 1. 旅游景区人群特性

（1）人群密集性

旅游景区人员密集现象突出，如 2005 年日本爱知世博会参观总人数达到 2 200 万，单日参观人数最多达到 28 万；2006 年沈阳世界园艺博览会，“五一”七天共接待游客 176 万人次，平均每天 25.1 万人次，单日最高达 34 万人次。

知识链接

近几年“十一”黄金周旅游统计报告显示的全国接待旅游者人次统计：

2010 年“十一”黄金周全国共接待游客 2.54 亿人次。

2011 年“十一”黄金周全国共接待游客 3.02 亿人次。

2012 年“十一”黄金周全国共接待游客 4.25 亿人次。

2013 年“十一”黄金周全国共接待游客 4.28 亿人次。

2014 年“十一”黄金周全国共接待游客 4.75 亿人次。

（2）人群的不可预测性

旅游景区的人群规模、人员流动虽有预测的可能，但由于各种不确定因素的影响，预测结果与实际情况往往存在很大的出入，呈现出一定的不可预测性。以麦加朝圣为例，可根据历史数据粗略预测人员规模、高峰时段等，但难以进行深入预测。人群一旦超出预期，就有可能超出人群管理的能力，为事故的发生埋下隐患。

（3）人群分布的不均匀性

人群分布可分为时间分布和空间分布。根据重大活动的统计数据，旅游景区人群的日分布、时段分布不均匀现象明显。周末、节假日人员较多；单日人员主要集中于上午 10 点至下午 2 点。旅游景区场所的不同区域，人群分布同样不均匀，如展览会人群集中于展台，游园活动中人群主要集中于几个热门园区。

**2. 旅游景区密集人群的风险分析**

密集人群对旅游景区安全的影响包括：“高峰效应”引发的安全

问题；踩踏事故；密集人群的扩大效应。

旅游景区场所一旦有事故出现，极易造成连锁反应，造成比原发事故更为严重的后果，即为聚集人群的扩大效应。例如，演唱会、体育比赛的看台因设计、结构或材料等原因倒塌后，引起观众的惊慌和拥挤，从而使看台的裂隙进一步增大而压伤更多的人，或者导致有人被汹涌的人流所踏伤，事故危害范围和程度增加。密集人群之所以能产生这种扩大效应，是由于在这种情况下作为风险承担元素的人具有特殊的性质。从这个角度，可把人群的风险扩大效应定为心理因子、行为因子和理智因子这 3 个主要因素。

**3. 旅游景区容量控制的标准**

容量问题源于旅游领域。国家旅游局 2003 年制定的《旅游规划通则》的附录 A 中，将旅游容量分为空间容量、设施容量、生态容量和社会心理容量四类，并提出，对一个旅游区来说，日空间容量与日设施容量的测算是最基本的要求。

国外对于旅游环境容量研究是以游憩体验管理概念为出发点，其着眼点主要是放在控制环境影响方面。我国的旅游环境容量研究，特别是在旅游规划和管理实践当中，基本上是以控制游客人数为着眼点，在应用旅游环境容量量化模型时，也是以游客人数为最终的指标。

旅游景区的到访人员中游客占人员总数的 95%以上。出于对安全因素的考虑，有人建议人群密度的安全极限为：流动人群为 4.0 人/ $m^2$，静止人群为 4.7 人/$m^2$。

**血的教训**

2004 年 2 月 5 日晚发生在北京密云的特大踩踏事故。当天恰逢元宵佳节，北京市密云县密虹公园举办的迎春灯展游人骤增。当大批游人通过彩虹桥时突然有人跌倒，引起身后游人拥挤，造成踩死挤伤游人的特大恶性事故，37 人不幸遇难，死者多为妇女儿童。

2014 年 12 月 31 日 23 时 35 分许，正值跨年夜活动，因很多游客市民聚集在上海外滩迎接新年，黄浦区外滩陈毅广场进入和退出的人流对冲，致使有人摔倒，发生踩踏事故，受伤者多为女性，学生居多。截至 2015 年 1 月 2 日 16 时，上海外滩陈毅广场踩踏事故共造成 36 人死亡，40 人受伤。有 11 名伤员出院，其余 29 人继续留院治疗，其中重伤 10 人，轻伤 19 人。

位于华山峪口的全国道教重点宫观玉泉院，是著名的游览胜地，也是由华山峪攀登华山主峰的必经之路。2001 年 4 月 8 日，前往玉泉院赶庙会的游人如潮，拥挤混乱。在由玉泉院通往西山门的长达 29 米的狭窄涵洞内，没有照明，路面不平。有游人在涵洞内被混凝土盖板绊倒后，随之游人相继扑倒，造成群体叠压踩踏，造成死 17 人、伤 5 人的重大群死群伤事故，伤亡者中绝大多数是老人和儿童。

## 二、旅游景区密集人群的管理

由于旅游景区具有涉及面广、系统庞大的特点，应建立负责人群安全管理的组织，对涉及单位、人员进行培训，处理相关问题。

旅游景区人群管理主要可以分为人群预测、人流引导、预警系统、应急疏散几个模块，通过信息技术、管理人员的统合协调，确保旅游景区人群的合理流动，避免人群的局部密集。

### 1. 旅游景区人群预测

（1）旅游景区场所人群容量估算

容量主要是指旅游景区的容量或承受能力问题，它既包括特定场所的总容量，也包括若干关键地段或地点（事故易发点）的容量，某些具体设施设备（固定的、临时的）的容量，还包括管理、调度指挥的承受能力。要对活动场所及相关设施的容量作科学的、实事求是的测定和评估，并把它作为制订活动计划、确定活动规模、控制参与人数、协调活动进程的重要依据。景区容量的测定和控制，是保证旅游景区良好秩序、减少意外发生的重要手段。

容量与观众或游人的基本空间标准相关。不同的游人所适用的基本空间标准不同，基本空间的取值也可以参考风景旅游区的基本空间标准。基本空间标准是指在旅游活动中，旅游活动主体和载体在旅游目的地所占用的空间规模大小和设施量。可以根据规划用地和基本空间的大小来确定观众的人数。在旅游规划中，基本空间标准是规划时直接运用的一项重要指标，测量旅游资源容量、旅游心理容量和旅游设施容量时用到的基本空间标准是通过对旅游进行直接的调查，经过对旅游者关于同一场所的拥挤、满意度的调查获取的。同理，我们可以通过对旅游景区场所的基本空间的同类借鉴得出合理的旅游景区基本空间标准。

（2）旅游景区人群规模预测

人群规模，即实际可能参加活动的人员数量，可以通过人员数量历史变化规律，或比较同类型活动，通过人工神经网络法、回归预测法等统计方法求得。旅游景区人群规模影响因素甚多，包括经济、活动的吸引力、时间的便利性等，预测时应当广泛考虑不同因素的影响。除总规模外，同时应确定活动可能的最大日人员容量、峰值容量。

（3）旅游景区人群构成预测

旅游景区人群构成是影响旅游景区人群稳定性的重要因素，不同活动人群构成存在很大差别。旅游景区对参与活动的人群构成进行预测，一方面使得管理方案、预案的措施更具针对性，便于采取措施缓解因文化、背景等差异引起的人群矛盾，另一方面也可更好地提供如交通、餐饮等其他服务，使旅游景区运营更趋成功。

（4）旅游景区人群分布预测

旅游景区人群分布分为时间分布及空间分布。时间分布预测应包含旅游活动周期内人群的变化规律、场所日人群分布规律。时间分布的预测应在历史统计、数学计算的基础上考虑季节变动、活动特征、举办地文化特性等因素。空间分布需结合场所的空间布局、活动安排等，确定人群可能的集中地点、覆盖面积、人群聚集持续时间等。

**2. 人群分流引导**

人群分流引导方案用以引导参观旅游景区的人群在时间和空间上分布尽量均衡，缓解人群拥挤，防止人群拥挤现象的出现和在整个活动区域内的蔓延。

时间分布引导可以采用营销、宣传等途径，如采用差别票价的方法，节假日期间实行票价上浮制等。空间分布引导的目的在于避免部分场馆的严重拥堵，主要措施包括协调场馆活动，加强宣传引导，设置引导信息，局部优化设置等。

旅游景区易出现局部拥挤部位包括主要出入口、通道、特色活动区、服务场所（餐饮点、洗手间等）区等。局部优化设置避免出现人员的聚集，减少人员集中的时间。例如可以采取网上售票、提前预购等方式减少售票口人员的密集程度；增设餐饮摊位，根据人员变动规律调整服务设施的数量以减少排队、聚集等；均匀分布观众易聚集地区和点，不要把易吸引观众群的景点布局在相邻或相近地区，导致人群局部过密的危险。

对于局部过密地区、拥堵地段和瓶颈点的预测可以通过人员疏散计算机仿真技术完成，在这些人群分布密度高的风险脆弱点采用严格的安保方案或者加派更多的疏导人员。

**3. 人群分布预警系统**

为了及早发现旅游景区人群集中数量超出负荷及产生拥挤的不良状态的表征信息，以便相关部门和政府及时采取相应的对策措施，应建立旅游景区人群分布预警系统。

（1）人员流动的实时监控

旅游景区开放期间，准确地获取人员流量和分布信息，尤其是重点区域的数据十分重要。可引入管理信息系统和现代化的电子设备，对人员数量和分布进行实时监控。

(2) 警情阈值确定

为了使警度能以信号的形式显示，可以给警度划分的四个级别分别配以蓝灯区、黄灯区、橙灯区、红灯区加以显示，分别表示人群密集程度：正常容量、超过容量、达到峰值、出现紧急状况四个警度，当综合评价值由低向高跨越警度临界点时，系统应据此发布警戒信息。

(3) 决策处理

经由信息传递网络传送到中央信息处理中心的数据与预先制定的警情界限阈值进行比较，确定其警戒级别，并发出警报。警戒信息发布后，迅速做出反应，提供应急方案，进行处理。

**4. 人群疏散、救援预案制定、演练**

旅游景区应制定人群疏散预案，确定各类情况下可采取的人群疏散方式、人群疏散实施步骤、负责人群疏散的关键人员以及人群疏散指挥控制中心的行动方案。疏散计划中需要解决的关键性技术问题包括：疏散人群范围的确定，作为疏散目的地的安全场所的选择，疏散路线的选择。

旅游景区应制定合理的事故应急预案，主要包括应急处理程序和方法的规定、抢险救援技术保障等。

预案要取得良好的效果，就需要进行演练及不断修改。演练可增强队伍的整体能力，充分熟悉预案的内容。管理者也可以通过演练，发现预案的不足并不断加以完善。

## 三、景区内人员安全教育

对旅游景区观众及游人的教育，可以采取的措施包括：悬挂有关事故预防、避险、自救、互救常识的宣传画等。对于著名旅游活动可以通过媒体发布相关安全信息。对安全管理人员、工作人员及活动的其他相关人员等进行培训，使其能在最短的时间内参与救助生命的活动，降低事故带来的伤亡和损失，达到在突发事件的初始状态就能迅速反应，立即处理，防止事故的扩大，并为其他救援部门赢得宝贵的时间。另外，第一响应者要能够在危机情景下，疏导观众至安全区域。

**1. 重点部位工作人员考核**

重点部位工作人员包括活动场所水、电、气、热等关键部位的管控人员，特种设备操作人员、搭建工作人员和关键部位的安保人员。重点部位的工作人员上岗之前需要取得上岗证，活动场所水、电、气、热管控人员需要取得职业资格证书，特种设备人员取得特种设备职业资格证书，临建的搭建电工、木工取得作业人员证书，保安取得上岗证。工作人员上岗之前需要经过相关岗位的培训，包括技能培训和安全培训，并且提供培训考核记录。

**2. 加强工作人员安全意识**

建立工作人员安全培训制度，包括在岗安全培训和其他安全知识培训；确保工作人员了解整个活动的安全管理流程；熟悉邻近工作人员的职责，在发现安全问题上能做到相互提醒、相互通信息和相互帮助；提高工作人员对危险有害因素的识别能力，在活动日常管理中对危险有害因素起检查和监督的作用；建立健全安全责任制。

**3. 提高工作人员应急能力**

在突发事件发生时，工作人员的应急能力能够发挥重大的作用。安全意识高、应急能力好的工作人员能够在突发事件的第一时间采取有效的措施控制或缓解突发事件的事态发展，能够在最短时间内合理地疏散人群，等等。应对工作人员进行如下教育：应急职责和义务；各种可能发生的突发事件的基本应对方法；使用各种应急救援设施设备，比如消火栓、灭火器的使用；自救知识教育；互救知识教育，比如伤口包扎、人工呼吸、心肺复苏等。

# 第九节　旅游景区其他事故预防

## 一、水上活动安全管理

水面及水上活动最主要的危险、危害因素就是淹溺。针对水面及水上活动安全的危害因素，应采取以下措施：

(1) 应在明显的位置公布各种水上活动项目的《游乐规则》，广播要反复宣传，提醒游客注意安全，防止意外事故发生。

(2) 对容易发生危险的部位，应有明显的提醒游客注意的警告标志。

(3) 各水上活动项目均应设立监视台，有专人值勤，监视台的数量和位置应能看清全池的范围。

(4) 按规定配备足够的救生员。救生员须符合有关部门规定，经专门培训，掌握救生知识与技能，持证上岗。

(5) 水上活动场所范围内的地面，应确保无积水、无碎玻璃及其他尖锐物品。

(6) 随时向游客报告天气变化情况。为游客设置避风、避雨的安全场所或具备其他保护措施。

(7) 全体员工应熟悉场内各区域场所，具备基本的抢险救生知识和技能。

(8) 设值班室，配备值班员。

(9) 设医务室，配备具有医士职称以上的医生、经过训练的医护人员和急救设施。

(10) 安全使用化学药品。

(11) 每天营业前对水面和水池底除尘一次。

（12）凡具有一定危险项目的设施，在每日运营之前，要经过试运行。

（13）每天定时检查水质。

（14）安全、卫生和水质的标准应符合 GB 8408、GB 9667、GB 5749、GB 9665 和水上世界安全卫生管理办法的规定。

（15）从事水上体育经营活动的专业人员，必须经过培训，符合有关水上项目全国性单项体育协会颁布的专业人员标准，并取得相应的资格证书。持资格证书者应在当地体育行政部门进行资格认定和注册。

## 二、恶劣气象风险预防

气象灾害，是指台风、暴雨（雪）、寒潮、大风（沙尘暴）、低温、高温、干旱、雷电、冰雹、霜冻和大雾等所造成的灾害。针对上述情况，应采取以下措施：

（1）加强景区消防规划、防火设计的监督和日常防火工作。

（2）建立恶劣气象预警系统，建立并完善气象风险防范机制，防止突发性事故的发生。

（3）要在景区内合理设置防雨设施及场所，避免场馆拥挤的现象发生。

**知识链接**

泰山景区内降水量较高，泰山景区管委会从加强组织领导、明确分工、扩大宣传、排查整改、齐备物资、严密监测、严格制度七方面入手，做好了充分准备，成立了泰山防汛指挥部，并下设黑龙潭水库、虎山水库两个分指挥部。各基层单位、林景区层层建立相应组织，并成立防汛抢险突击队。景区防汛工作实行行政首长负责制，将责任层层分解细化，落实到责任人。他们还出动宣传车，发放宣传单，在景区周边地区宣传《防洪法》《泰安市防洪实施细则》等法律法规。进入汛期以来，已组织全山范围排查险情3次，对发现的问题立即做了整改。对现有防汛物资进行了全面清点，登记造册，落实地点、数量和运输措施。完成了景区内水库、塘坝、河道、桥梁等设施的加固、清淤、清障等工作。同时，全面检修了通信设备、各类供电电源、防汛道路及抢险救灾车辆，确保正常使用无故障。

泰山管委会按照《泰山景区防洪应急预案》及实施方案，对天气预测信息实行晴天每日一报、雨天每日三报制度……

## 三、雷电风险预防

雷电是大气自然放电的现象，它能够产生瞬时的高压和巨大电流，可以击穿电气设施，击毁钢或钢混结构的建筑，形成电弧放电，引燃可燃物，导致火灾的发生。据统计，雷电灾害主要发生在电力、电信、广电、金融、建筑、石化等部门，但在旅游景区发生的雷灾却同样令人触目惊心。

广州城市标志性建筑——巨型五羊石雕，竣工于20世纪70年代，在2002年初遭到雷击，一羊角被击碎，由于雷电在人民群众心中带有神秘色彩，一时间众说纷纭，给社会造成了不稳定因素。

由于多种原因，我国大多数旅游景区的防雷设施很不完善，有的景点根本就无任何防雷措施，防雷减灾意识淡薄。若这些历史文物、旅游资源因雷击而损毁，或引起人身伤亡事故，将会影响我国旅游事业的发展。

2000年1月1日起施行的《中华人民共和国气象法》的第三十一条规定：各级气象主管机构应当加强对雷电灾害防御工作的组织管理，并会同有关部门指导对可能遭受雷击的建筑物、构筑物和其他设施安装的雷电灾害防护装置的检测工作，安装的雷电灾害防护装置应当符合国务院气象主管机构规定的使用要求。

针对上述情况，应采取以下措施：

(1) 景区内建筑物的防雷设计应符合《建筑物防雷设计规范》(GB 50057—2010) 要求。

(2) 景区内防雷产品要符合《国际电工委员会防雷标准》(IEC 61312) 规定。

(3) 加大防雷减灾宣传工作的力度，有关部门举行的安全、科技、生活、服务等相关宣传活动中，将防雷宣传列入其中，提高广大游人的防雷安全意识，切实将雷电灾害损失减少到最低限度。

(4) 建议在景区设置避雷亭，使人们在旅游休闲遇雷暴时，能有紧急避难场所。

## 知识链接

### 九华山风景区防雷安全工作实施办法（摘选）

第八条　防雷装置的设计、施工，应当由具有相应资质的单位承担。

第九条　新建、扩建、改建本办法规定的场所或者设施，建设单位应当将防雷装置施工图设计文件送气象管理处和气象管理处委托的审图机构审查。防雷装置施工图设计文件，未经审查批准的，城建规划部门不得发放施工许可证。

第十条　防雷装置的施工单位应当按照经审查批准的防雷装置施工图设计文件进行施工，并接受防雷机构的监督。

第十一条　本办法的场所或者设施竣工验收时，建设单位应当委托防雷装置检测单位对防雷装置进行验收，并将结果报气象管理处。防雷装置未经验收或验收不合格的，建设项目不得交付使用。

第十二条　对本办法规定的场所或者设施的防雷装置实行定期检测制度，检测时间为每年一次。防雷装置检测单位对防雷装置检测后，应当出具检测报告，并将检测报告报气象管理处；对检测不合格的，防雷装置的产权单位或者使用单位应当在限期内整改并申请复检。

第十三条　从事防雷装置检测活动的单位，应当持有省人民政府气象主管部门核发的防雷装置检测资质证书，并在资质等级许可的范围内从事防雷装置检测活动。

第十四条　防雷装置的产权单位和使用单位应当做好防雷装置的日常维护工作，发现问题及时维修。

第十五条　防雷装置应当符合国务院气象主管部门规定的使用要求。禁止使用不合格或者国家明令淘汰的防雷产品。

# 第二章 我国旅游景区应急工作体系

## 第一节　旅游景区应急指挥体系

### 一、组织系统

国家旅游景区突发公共事件应急组织体系由应急领导机构、综合协调机构、有关类别公共事件专业指挥机构、应急支持保障部门、专家咨询机构、地方各级人民政府突发公共事件应急领导机构和应急救援队伍组成。

政府应急指挥体系需要具备健全的应急机制、应对涉及公共危机的旅游景区的能力，以维护社会稳定，保障公众生命健康和财产安全，保护环境，促进社会全面、协调、可持续发展。

政府应急指挥体系的工作原则是统一领导、分类管理、属地为主、分级响应、以人为本。

政府应急指挥体系包括领导机构、协调机构、有关类别专业指挥机构和专家组。

### 二、综合协调机构

国家旅游局设立旅游突发事件应急协调领导小组，下设领导小组办公室负责具体工作。

国家旅游局旅游突发事件应急协调领导小组，负责协调指导涉及全国性、跨省区发生的重大旅游突发事件的相关处置工作，以及涉及国务院有关部委参加的重大旅游突发事件的处置、调查工作；有权决定本预案的启动和终止；对各类信息进行汇总分析，并上报国务院。领导小组办公室主要负责有关突发事件应急信息的收集、核实、传递、通报，执行领导小组的决策，承办日常工作。

## 三、地方人民政府旅游突发公共事件应急领导机构

市级以上旅游行政管理部门设立旅游突发事件应急领导小组。领导小组下设办公室，具体负责本地区旅游突发事件的应急指挥和相关的协调处理工作。

各级领导小组及其办公室负责监督所属地区旅游经营单位，落实有关旅游突发事件的预防措施；及时收集整理本地区有关危及旅游者安全的信息，适时向旅游企业和旅游者发出旅游警告或警示；本地区发生突发事件时，在本级政府领导下，积极协助相关部门为旅游者提供各种救援；及时向上级部门和有关单位报告有关救援信息；处理其他相关事项。

## 四、专家组

国家旅游局设立旅游突发事件应急协调领导小组，可以根据实际需要聘请有关专家组成专家组，为应急管理提供决策建议，必要时参加旅游景区突发公共事件的应急处置工作。

## 五、领导机构

景区应急指挥领导机构各岗位的职责如下。

### 1. 景区应急总指挥

景区应急总指挥应是本单位内的主要领导，通常为公司董事长、总经理，其职责是：

（1）启动应急响应。

（2）评估紧急状态，升降警报级别。

（3）决定通报外部机构。

（4）决定请求外部援助。

（5）决定从本单位或其他部分撤离。

（6）决定本单位外影响区域的安全性。

（7）负责指挥组织本单位的应急救援。

**2. 景区应急副总指挥**

由公司主管生产、安全与旅游的副总经理或总工担任，负责协助总指挥在应急响应、救援中的具体指挥工作。应急总指挥出差或者有其他原因不能及时赶回现场时，副总指挥全权代理应急总指挥，处理突发环境事件。

**3. 成员**

景区应急指挥领导机构的成员一般为单位生产、安全、旅游、物资等重要部门的负责人，在事故应急过程中，他们参与应急救援的决策与协调工作，主要负责本部门应急救援工作的职责和任务。

知识链接

《旅游景区质量等级的划分与评定》（修订）（GB/T 17775—2003）AAAAA 级景区安全标准：

5.1.3　旅游安全

1. 认真执行公安、交通、劳动、质量监督、旅游等有关部门制定和颁布的安全法规，建立完善的安全保卫制度，工作全面落实。

2. 消防、防盗、救护等设备齐全、完好、有效，交通、机电、游览、娱乐等设备完好，运行正常，无安全隐患。游乐园达到 GB/T 16767 规定的安全和服务标准。危险地段标志明显，防护设施齐备、有效，特殊地段有专人看守。

3. 建立紧急救援机制，设立医务室，并配备专职医务人员。设有突发事件处理预案，应急处理能力强，事故处理及时、妥当，档案记录准确、齐全。

### 六、工作机构

景区应急工作机构是应急办公室，直接隶属于领导机构，负责旅游景区信息接报、通知、信息传达、培训等事务性工作。

### 七、支持机构

包括本单位内的技术支持机构（各类专业技术人才、包括消防、旅游、公安、工艺、研发等）、救援机构，可以根据实际需要聘请有关专家组成专家组，为应急管理提供决策建议，必要时参加旅游景区的应急处置工作。

## 第二节 旅游景区应急机构体系

景区应急机构体系按照事故应急的职能划分，由景区各常设或非常设的部门组成，主要包括本单位内的各有关部门，通常为旅游景区应急部、消防灭火部、现场保卫部、通信联络部、生产指挥部、安全技术部、现场救护部、现场抢修部、物资供应部和生活后勤部十个部门。各个单位可根据具体情况进行调整，但是，调整后的应急机构职责应不少于下述内容，以满足应急工作需求。

### 一、旅游景区应急部

（1）在旅游景区发生突发事件时，尽量保证景区的应急设施正常运行。

(2) 负责启动本单位内的应急监测。

(3) 根据不同事故的类型，确定监测布点和频次。

(4) 根据监测结果，决定疏散目标人群。

(5) 与景区外应急反应人员、部门、组织和机构进行联络。

## 二、消防灭火部

(1) 针对本单位关键装置、要害部位、重点防火场所制定灭火抢救预案，为旅游景区应急处理提供依据。

(2) 对接警出动情况、受灾场所、燃烧物质、火势做记录，并及时向本单位的总指挥报告。

(3) 当在本单位内发生火灾时，积极参与本单位总指挥部指挥工作。

(4) 负责现场指挥灭火战斗或配合上级消防队进行灭火。

(5) 火情侦察，查清火源位置、燃烧物质性质、范围及火灾类型；了解火势情况，查清是否有人被困，并及时抢救。

(6) 根据灭火需要，通知供水部门向消防管网加压、确保供水。

(7) 根据应急指挥部的命令和火势情况，负责与上级消防部门联络及调动灭火力量。

(8) 灭火战斗结束后及时补充器材，恢复战备状态，总结火场救灾经验教训。

(9) 参加火灾事故的调查处理工作。

## 三、现场保卫部

(1) 负责组织对事故及灾害现场的保卫工作，设置警戒线，维持现场交通秩序，禁止无关人员进入。

(2) 现场治安巡逻，保护现场，制止各类破坏骚乱活动，控制嫌疑人员。

（3）当出现易燃易爆、有毒有害物质泄漏，可能发生重大火灾爆炸或人员中毒时，根据应急指挥部的指令，通知人员立即撤离现场。同时禁止在警戒区范围内使用对讲机、移动电话及吸烟、发动机动车辆等。

（4）负责做好应急和救灾物资的保卫工作。

## 四、通信联络部

（1）负责赴现场接通电话，供应急指挥部使用。

（2）当有线通信设施遭受破坏时，及时采取措施，确保通信联络畅通。

（3）负责灾后全面检查修复有线通信设备，确保通信设施正常工作，以尽快恢复生产。

旅游景区应急通信设备是在事件发生时，更好更方便协调不同部门，为高效率处理这些突发事件提供通信功能。应急通信设备及其功能、特点见表2—1。

**表2—1　旅游景区应急通信设备**

| 序号 | 应急通信设备名称 | 功能、特点 |
| --- | --- | --- |
| 1 | 固定电话 | （1）电话警报系统提供关于整个现场的信息<br>（2）收到来自现场应急管理者的信息和命令后，现场安全人员要确保通知所有的相关部门<br>（3）应直接在调度中心和以下位置安装“热线”电话：消防部门、行政部门、控制中心、119调度中心、公安部门<br>（4）当启动应急控制中心后，应急队员可以使用应急控制中心系统的内部电话 |
| 2 | 移动通信 | 实现实时沟通，例如通话和接发短信 |
| 3 | 传真机 | 快捷的图文传递 |

续表

| 序号 | 应急通信设备名称 | 功能、特点 |
|---|---|---|
| 4 | 无线通信 | 无线通信系统具有迅速、准确、安全的优点，并可构成多层次的专用指挥调度网。无线电通信设备机型有：手机型、车载型和固定型。无线电有利于救援工作的指挥调度，已作为应急救援的主要通信手段。无线寻呼机可以作为救援人员的应急传呼工具。在近距离的通信联系中，也可使用对讲机。<br>（1）现场安全部门人员负责监控下列各组的无线电频率：现场安全、仓库人员、环境部门、控制部门、船运部门、仪器部门、工业卫生部门、能量或公用事业部门、应急指挥中心、现场内服务部门<br>（2）在紧急情况中，上述的任何一个无线电系统都与“现场安全”联系。除了现场人员所使用的无线电频率外，大多数人可通过手中的无线电收发两用机使用特殊的应急频率<br>（3）如果需要，使用移动和空余单元<br>（4）只有对无线电检查和应急行动及紧急情况等很重要的信息的传递才可使用无线电，其他信息用电话联系 |
| 5 | 同轴电缆 | 同轴电缆是把声音、信息、安全消息或电视录像传送到工厂内的电视装置，并把摄像机信号传送到调度中心 |
| 6 | 应急通信车 | 它是能够被派遣到现场的可移动通信中心。其配备了支持应急无线电频率的设施和多孔电话，可根据紧急情况开到规定的位置 |
| 7 | 应急发电机 | 应急发电机提供必要的能量支援，相关工作人员应每周检测一次它的工作能力 |

## 五、安全技术部

（1）及时了解事故及灾害发生原因及经过，检查设施处理情况。

（2）检查消防设施和消防水等启用情况。

（3）检查消防和医疗救护人员是否到位以及防止事故蔓延扩大的措施落实情况。

（4）当发生重大火灾、爆炸时，组织清点在岗人员。

(5) 配合消防、救护人员进行事故处理、救援。

(6) 协同有关部门保护好现场，收集与旅游景区有关的证据，参加旅游景区事故的调查处理。

## 六、现场救护部

(1) 负责携带防护面具，赶往事故现场，选好停车救护地点。

(2) 及时将受伤人员救护情况向指挥部报告。负责将中毒、窒息或受伤人员救离事故现场，必要时送到医院进行抢救。在医院救护车到达之前，对伤者实施人工呼吸等必要的处理。

## 七、现场抢修部

(1) 负责组织成立现场抢修队伍，配备好抢修工具。

(2) 根据指挥部的命令，对危险部位及关键设施进行抢（排）险。

(3) 协助组织做好恢复生产工作。

## 八、物资供应部

(1) 根据指挥部的命令，及时组织事故及灾害抢险救灾所需物资的供应、调运。

(2) 负责组织灾后恢复生产所需物资的供应和调运。

(3) 做好平时抢险救灾物资的储备供应。

## 九、生活后勤部

(1) 负责供应抢险救灾人员食品和生活用品。

(2) 负责受灾群众的安置和食品供应工作。

(3) 负责损坏房屋及公共设施的修复工作。

# 第三章

# 旅游景区应急预案编制

## 第一节　制定应急预案的基本原则

### 一、应急预案概念

应急预案，又名预防和应急处理预案、应急处理预案、应急计划或应急救援预案，是事先针对可能发生的事故（件）或灾害进行预测，进而预先制定的应急与救援行动、降低事故损失的有关救援措施、计划或方案。本书中统一采用“应急预案”。应急预案实际上是标准化的反应程序，以使应急救援活动能迅速、有序地按照计划和最有效的步骤来进行。

应急预案有三个方面的含义：

**1. 事故预防**

通过危险辨识、事故后果分析，采用技术和管理手段降低事故发生的可能性且使可能发生的事故控制在局部，防止事故蔓延。

**2. 应急处理**

万一发生事故（或故障）有应急处理程序和方法，能快速反应处理故障或将事故消除在萌芽状态。

**3. 抢险救援**

采用预定现场抢险和抢救的方式，控制或减少事故造成的损失。

## 二、应急预案的基本要求

制定应急预案的目的是发生旅游景区突发事件或紧急情况时，能以最快的速度发挥最大的效能，有序地实施响应和救援，尽快控制事态发展，降低事故造成的危害，减少事故损失、人员的伤亡和对景区资源的破坏。

应急预案的基本要求有以下几个方面。

**1. 科学性**

旅游景区突发事件的应急工作是一项科学性很强的工作，制定预案也必须以科学的态度，在全面调查研究的基础上，开展科学分析和论证，制定出严密、统一、完整的应急反应方案，使预案真正具有科学性。

**2. 实用性**

应急预案应符合旅游景区突发事件的特征和当地的客观情况，具有适用性、实用性和针对性，便于现实操作。

**3. 权威性**

救援工作是一项紧急状态下的应急性工作，所制定的应急救援预案应明确救援工作的管理体系、救援行动的组织指挥权限和各级救援组织的职责与任务等一系列的行政性管理规定，保证救援工作的统一指挥。应急救援预案还应经上级部门批准后才能实施，保证预案具有一定的权威性和法律保障。

## 三、应急预案的作用

应急预案在应急系统中起着关键作用，它明确了在突发事件发生之前、发生过程中，以及刚刚结束之后，谁负责做什么，何时做，相应的策略和资源准备等。它是针对可能发生的旅游景区突发事件及其影响和后果严重程度，为应急准备和应急响应的各个方面所预先做出的详细安排，是开展及时、有序和有效事故应急救援工作的行动指南。

应急预案在应急救援中的重要作用和突出地位体现在：

（1）应急预案明确了应急救援的范围和体系，使应急准备和应急管理不再是无据可依、无章可循，尤其是培训和演练工作的开展。

（2）制定应急预案有利于做出及时的应急响应，降低旅游景区突发事件造成的后果。

（3）应急预案是各类旅游景区突发事件的应急基础。通过编制基本应急预案，可保证应急预案足够的灵活性，对那些事先无法预料到的突发事件或事故，也可以起到基本的应急指导作用，成为开展应急救援的“底线”。在此基础上，可以针对特定危害编制专项应急预案，有针对性地制定应急措施，进行专项应急准备和演练。

（4）当发生超过应急能力的重大旅游景区突发事件时，如发生泥石流等重大自然灾害，便于与上级应急部门的协调。

（5）有利于提高风险防范意识。

## 四、应急预案层次

### 1. 按照责任主体分类

从行政层面上，根据可能发生的旅游景区突发事件造成的事故后果的影响范围、地点及应急方式，建立我国事故应急救援体系，可将应急预案分为如下五种级别。

（1）景区级应急预案

这类事件的有害影响局限在一个景区单位的界区之内，并且可被现场的操作者遏制和控制在该区域内。这类事故可能需要投入整个单位的力量来控制，但其影响预期不会扩大到社区或公共区。

（2）县/区级应急预案

这类事件所涉及的影响可扩大到公共区（社区），但可被该县（市、区）或社区的力量，加上所涉及的景区或当地其他部门的力量所控制。

（3）市/地级应急预案

这类事件影响范围大，后果严重，或是发生在两个县或县级市管辖区边界上的事故。应急救援需动用地区的力量。

（4）省级应急预案

对可能发生的特大自然灾害、火灾、公共卫生等以及属省级特大事故隐患、省级重大危险源应建立省级应急预案。它可能是一种规模极大的灾难事故，或可能是一种需要用事故发生的城市或地区所没有的特殊技术和设备进行处理的特殊事故。这类事故需用全省范围内的力量来控制。

（5）国家级应急预案

对旅游景区突发事件的后果超过省、直辖市、自治区边界或事故应急处理能力，以及列为国家级事故隐患、重大危险源的设施或场所，或《旅游突发公共事件应急预案》明确划分的重大的旅游景区事故，需要国家统一协调、指导和响应的突发事件应制定国家级应急预案。

**2. 按功能与目标分类**

按预案的适用对象范围划分为综合预案、专项预案和现场预案三个层次的预案以及单项预案。此分类方法预案文件体系层次清晰，所以本书主要按此种方法分类。

（1）综合预案

综合预案是整体预案，是从总体上阐述应急方针、政策、应急组织结构及相应的职责，应急行动的总体思路等。通过综合预案可以很清晰地了解应急体系及预案的文件体系，即使对那些没有预料的紧急情况也能起到一般性应急指导作用。

（2）专项预案

专项预案是针对某种具体的、特定的紧急情况，在综合预案的基础上充分考虑了该特定危险情况的特点，对应急的形势、组织机构、应急活动等进行更具体的阐述，具有较强的针对性。旅游景区应制定的专项预案有：

①自然灾害应急预案。主要针对旅游景区经营过程中遇到自然事件，如大风应急预案、暴雨应急预案、防暑应急预案、防滑坡及泥石流应急预案、防台风应急预案、防洪应急预案等。

②突发事故应急预案。旅游景区中可能的突发事故包括火灾、车辆伤害等。对于森林公园、博物馆等，火灾应急预案尤为重要。由于景区具有较大的差别性，应根据不同景区的特点制定具有针对性的专项预案。

③公共卫生事件应急预案。主要包括：预防禽流感应急预案、重大传染性疾病应急预案、食物中毒事故应急准备与响应预案、环境污染事故应急预案等。

④社会安全事件应急预案。主要包括景区人群踩踏应急预案、社会治安应急预案等。

（3）现场预案

现场预案是在专项预案的基础上，根据具体情况需要而编制的。它是针对特定的具体场所（即以现场为目标），通常是该类型事故风险较大的场所或重要防护区域等所制定的预案。现场应急预案的特点是针对某一具体现场的特殊事件及其周边环境情况，在详细分析的基础上，对应急救援中的各个方面做出具体、周密而细致的安排，因而现场预案具有更强的针对性和对现场具体救援活动的指导性。

## 第二节　应急预案的基本结构与内容

应急救援是为预防、控制和消除旅游景区突发事件对人类生命、财产和景区资源造成重大损害所采取的反应救援行动。应急预案则是开展应急救援行动的行动计划和实施指南。应急预案实际上是一个透明和标准化的反应程序，使应急救援活动能按照预先周密的计划和最有效的实施步骤有条不紊地进行。这些计划和步骤是快速响应和应急救援的基本保证。

应急预案是应急体系建设中的重要组成部分，应该有完整的系统设计、标准化的文本文件、行之有效的操作程序和持续改进的运行机制。

无论是哪一种应急预案，其基本结构均可采用“1 + 4”的结构模式，即一个基本预案加上应急功能（职能）设置、特殊风险分预案、标准化操作程序和支持附件四个分预案，如图 3—1 所示。

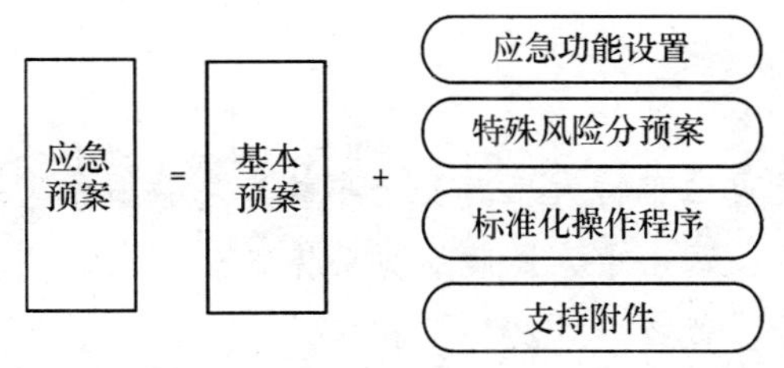


图 3—1　应急预案“1＋4”结构模式

## 一、基本预案

基本预案也称“领导预案”，是应急反应组织结构和政策方针的综述，还包括应急行动的总体思路和法律依据，指定和确认各部门在应急预案中的责任与行动内容。其主要内容包括最高行政领导承诺、发布令、基本方针政策、主要分工职责、任务与目标和基本应急程序等。基本预案一般是对公众发布的文件。《国家突发公共事件总体应急预案》和《旅游突发公共事件应急预案》是我国应对突发公共安全事件和旅游景区突发事件的基本预案。

基本预案可以使政府和景区高层领导能从总体上把握本行政区域或行业系统针对突发事件应急的有关情况，了解应急准备状况，同时也为制定其他应急预案（如标准化操作程序、应急功能设置等）提供框架和指导。基本预案包括以下12项内容。

**1. 预案发布令**

组织或机构第一负责人应为预案签署发布令，援引国家、地方、上级部门相应法律和规章的规定，宣布应急预案生效。其目的是要明确实施应急预案的合法授权，保证应急预案的权威性。

在预案发布令中，组织或机构第一负责人应表明其对应急管理和应急救援工作的支持，并督促各应急部门完善内部应急响应机制，制定标准化操作程序，积极参与培训、演练和预案的编制与更新等。

示例

关于印发黄山市特大旅游安全事故应急救援预案的通知

发文单位：黄山市人民政府办公室

文　　号：黄政办［2013］43号

发布日期：2013—05—26

执行日期：2013—05—26

各区、县人民政府，黄山管委会，市政府各部门、各直属机构：

经市政府同意，现将《黄山市特大旅游安全事故应急救援预案》印发给你们，请遵照执行。

二〇一三年五月二十六日

**2. 应急机构署名页**

在应急预案中，可以包括各有关内部应急部门和外部机构及其负责人的署名页，表明各应急部门和机构对应急预案编制的参与和认同，以及履行承担职责的承诺。

### 3. 术语和定义

示例

峄城区重大森林火灾事故应急预案

7.1 名词术语和缩写的定义与说明

7.1.1 森林

指在一定面积上，以乔木为主的森林植物群落连同动物以及其他植物所构成的整体。

7.1.2 应急救援

指在发生事故时，采取消除、减少事故危害和防止事故恶化，最大限度地降低事故损害的措施。

……

应列出应急预案中需要明确的术语和定义的解释和说明，以便使各应急人员准确地把握应急有关事项，避免产生歧义和因理解不一致而导致应急时混乱等现象。

### 4. 相关法律和法规

我国政府近年来相继颁布了一系列法律法规，对突发公共事件、重大公共卫生事件、自然灾害事件、特大安全事故、大型旅游设施等制定应急预案做了明确规定和要求，要求县级以上各级人民政府或生产经营单位制定相应的重大事故应急救援预案。

在预案中，应列出明确要求制定应急预案的国家、地方及上级部门的法律法规和规定，有关重大事故应急的文件、技术规范和指南性材料及国际公约，作为制定应急预案的根据和指南，以使应急预案更有权威性。

示例

西安市旅游局安全应急救援预案（试行）

制定依据：

《中华人民共和国安全生产法》

《中华人民共和国传染病防治法》

《突发公共卫生事件应急条例》

《旅行社管理条例》

《导游人员管理条例》

《中国公民出国旅游管理办法》

《旅游安全管理暂行办法》

《旅游安全管理暂行办法实施细则》

……

5. **方针与原则**

列出应急预案所针对的事故（或紧急情况）类型、适用的范围和救援的任务，以及应急管理和应急救援的方针和指导原则。

方针与原则应体现应急救援的优先原则。如保护人员安全优先，防止和控制事故蔓延优先，保护环境优先。此外，方针与原则还应体现事故损失控制、高效协调，以及持续改进的思想。同时还要符合行业或景区实际。

6. **危险分析与环境综述**

列出应急工作所面临的潜在事故和后果预测，给出区域的地理、气象、人文等有关环境信息。

示例

江苏省食物中毒事件应急处理预案（试行）（方针与原则）

1.3　工作原则

(1) 预防为主，常备不懈。提高全社会对食物中毒的防范意识，落实各项防范措施，做好人员、技术、物资和设备的应急储备工作。对可能引发食物中毒的危害因素要及时进行分析、预警，做到早发现、早报告、早处理。

(2) 统一领导，分级负责。根据食物中毒事件的范围、性质和危害程度，实行分级管理。各级卫生行政部门负责食物中毒事件应急处理的统一领导和指挥，各有关医疗卫生机构按照预案规定，在各自的职责范围内做好食物中毒事件应急处理的技术工作。

(3) 依法规范，措施果断。

(4) 依靠科学，加强合作

……

---

宜昌市旅游安全事故应急处理预案

一、旅游安全事故可能性分析

宜昌地处长江中上游结合部，旅游资源十分丰富。现已开发的旅游项目中，以河流峡谷型、生态旅游项目、漂流探险旅游项目居多，景区、景点大部地处山川峡谷，受自然气候条件影响较大，加快建立安全应急预案，加强安全检查和完善安全保障设施十分重要。以长江三峡为主题的旅游产品，主要依托旅游船和旅游车辆，旅游车、船的安全监督和管理上存在点多、面广、线长等问题。全市近 60 家旅游宾馆、星级饭店的消防安全检查，电梯、锅炉等特种设备的检查任务非常繁重。与旅游相关的食品卫生、文化娱乐、特种旅游项目和旅游产品等各个环节不可忽视安全因素。建立从基层单位到主管部门的旅游行业安全预案和事故应急处理预案十分必要。

……

### 7. 应急资源

该部分应对应急资源做出相应的管理规定，并列出应急资源装备的总体情况，包括：应急力量的组成、应急能力；各种重要应急设施（设备）、物资的准备情况；上级救援机构或相邻可用的应急资源。

示例

国内某植物园安全事故应急预案

8　应急保障

8.1　消防保障

消防指挥车1辆，消防巡逻车2辆，电瓶车3辆。消防库2处，分别设于新建办公楼和马战场，用于南、北两区就地就近灭火。蓄水池6处，其中南区2处，北区4处，配备对讲机20部……

8.2　治安保障

8.3　交通运输保障

8.4　医疗卫生保障

……

### 8. 机构与职责

应列出所有应急部门在突发事件应急救援中承担职责的负责人。在基本预案中只要描述出主要职责即可，详细的职责及行动在标准化操作程序中会进一步描述。所有部门和人员的职责应覆盖所有的应急功能。

> 太原市旅游重特大安全事故应急预案
>
> 七、组织领导
>
> 为了进一步预防旅游安全事故的发生，加强对重特大旅游安全事故应急救援组织协调，市旅游局成立旅游安全重特大安全事故应急领导组。
>
> 组长：……
>
> 成员：……
>
> 办公室成员：　……
>
> 领导组办公室设在市旅游局行业管理处，具体负责应急预案的日常协调工作，组织协调事故救援，传达贯彻落实领导组的安排部署，汇总报告有关情况。
>
> ……

**9. 教育、培训与演练**

为全面提高应急能力，应对应急人员培训、公众教育、应急和演练做出相应的规定，包括内容、计划、组织与准备、效果评估、要求等。

应急人员的培训内容包括：如何识别危险、如何采取必要的应急措施、如何启动紧急警报系统、如何进行事件信息的接报与报告、如何安全疏散人群等。

公众教育的基本内容包括：潜在的风险、突发事件的性质与应急特点，事故警报与通知的规定，基本防护知识，撤离的组织、方法和程序；在不同景区游览时必须遵守的规则；自救与互救的基本常识。

应急演练的具体形式既可以是桌面演练，也可以是实战模拟演练。按演练的规模可以分为单项演练、组合演练和全面演练。

示例

遵义市重大食物中毒事件应急预案

八、宣传、培训和教育

各级人民政府和相关部门要将食物中毒事件教育纳入全民和干部培训计划，强化公民的危机意识，增强公民自救、互救能力，提高公民应对危机的心理承受能力。

（一）公众信息交流

（二）培训

（三）演练

（四）科研和国际交流

……

**10. 与其他应急预案的关系**

列出本预案可能用到的其他应急预案（包括当地政府预案及签订互助协议机构的应急预案），明确本预案与其他应急预案的关系，如本预案与其他预案发生冲突时，应如何解决。

**11. 互助协议**

列出不同政府组织、政府部门之间、景区相邻单位之间或专业救援机构等签署的正式互助协议，明确可提供的互助力量（消防、医疗、检测、物资、设备、技术等）。

**12. 预案管理**

应急预案的管理应明确负责组织应急预案的制定、修改及更新的部门，应急预案的审查和批准程序，预案的发放、应急预案的定期评审和更新。

## 二、应急功能设置

预案应紧紧围绕应急工作中主要功能编制，明确执行预案的各部门和负责人的具体任务。

应急功能设置分预案中要明确从应急准备到应急恢复全过程的每一个应急活动中，各相关部门应承担的责任和目标，每个单位的应急功能要以分类条目和单位功能矩阵表来表示，还要以部门之间签署的协议书来具体落实。

一般来说，应急需要的功能依景区突发事件风险的水平和可能导致的事故类型而不同，但都应具有一些基本应急功能，其核心的功能包括：接警与通知、指挥与控制、警报与紧急公告、通信、事态监测与评估、警戒与管制、人群疏散与人群安置、医疗与卫生、公共关系、应急人员安全、现场处置和现场恢复等。这里应明确每一个应急功能所对应的职责部门和目标。所有的应急功能都要明确“做什么”“怎么做”和“谁来做”三个问题。

**1. 接警与通知**

准确了解突发事件的性质和规模等初始信息，是决定启动应急救援的关键，接警作为应急响应的第一步，必须对接警与通知要求做出明确规定。

（1）应明确 24 小时报警电话，建立接警和突发事件通报程序。

（2）列出所有的通知对象及电话，将突发事件信息及时按对象及电话清单通知。

（3）接警人员必须掌握的情况有突发事件发生的时间、地点、种类、强度等基础信息。

（4）接警人员在掌握基本情况后，立即通知领导层，报告突发事件情况，以及可能的应急响应级别。

（5）通知上级机构。

**2. 指挥与控制**

旅游景区突发事件的应急救援往往涉及多个救援部门和机构，因此，对应急行动的统一指挥和协调是有效开展应急救援的关键。建立统一的应急指挥、协调和决策程序，便于对事故进行初始评估，确认紧急状态，从而迅速有效地进行应急响应决策，建立现场工作区域，指挥和协调现场各救援队伍开展救援行动，合理高效地调配和使用应急资源等。

该应急功能应明确：

(1) 现场指挥部的设立程序。

(2) 指挥的职责和权力。

(3) 指挥系统（谁指挥谁、谁配合谁、谁向谁报告)。

(4) 启用现场外应急队伍的方法。

(5) 事态评估与应急决策的程序。

(6) 现场指挥与应急指挥部的协调。

(7) 景区应急指挥与外部应急指挥之间的协调。

**3. 警报与紧急公告**

当事故可能影响到景区当地居民及其他单位时，应及时启动警报系统，向公众发出警报，同时通过各种途径向公众发出紧急公告，告知事故性质、对健康的影响、自我保护措施、注意事项等，以保证公众能够及时做出自我防护响应。

**4. 通信**

通信是应急指挥、协调和与外界联系的重要保障，在现场指挥部，各应急救援部门、机构，新闻媒体，医院，上级政府，以及外部救援机构之间，必须建立完善的应急通信网络，在应急救援过程中应始终保持通信网络畅通，并设立备用通信系统。

该应急功能要求：

(1) 建立应急指挥部、现场指挥、各应急部门、外部应急机构之间的通信方法说明；主要使用的通信系统，通信联络电话等。

(2) 定期维护通信设备、通信系统和通信联络电话，以确保应急时所使用的通信设备完好和应急号码为最新状态。

(3) 准备在必要时启动备用通信系统。

5. **事态监测与评估**

在应急救援过程中必须对事故的发展势态及影响及时进行动态的评估。事态监测在应急救援中起着非常重要的决策支持作用，其结果不仅是控制事故现场，制定消防、抢险等措施的重要决策依据，也是划分现场工作区域、保障现场应急人员安全、实施公众保护措施的重要依据。

6. **警戒与管制**

为保障现场应急救援工作的顺利开展，在事故现场周围建立警戒区域，实施管制，维护现场治安秩序是十分必要的。其目的是要防止与救援无关人员进入事故现场，保障救援队伍、物资运输等的交通畅通，并避免发生不必要的伤亡。

该项功能的具体职责包括：

(1) 实施交通管制，对事故发生区域外围的交通路口实施定向、定时封锁，严格控制进出事故现场的人员，避免出现意外的人员伤亡或引起现场的混乱。

(2) 指挥危害区域内人员的撤离，保障车辆的顺利通行，指引不熟悉地形和道路情况的应急车辆进入现场，及时疏通交通堵塞。

(3) 维护撤离区和人员安置区场所的社会治安工作，保卫撤离区内和各封锁路口附近的重要目标和财产安全，打击各种犯罪分子。

(4) 除上述职责以外，警戒人员还应该协助发出警报、现场紧急疏散、人员清点、传达紧急信息，以及事故调查等。

该职责一般由公安部门或景区保安人员负责，由于警戒人员往往是第一个到达现场，因此，对危险物质事故有关知识必须进行培训，并列出警戒人员的个体防护准备。

7. **人群疏散与人群安置**

对于某些自然灾害、火灾等，还应当进行人员疏散，人群疏散是防止人员伤亡扩大的关键，也是最彻底的应急响应。

对人群疏散所做的规定和准备应包括：

（1）明确谁有权发布疏散命令。

（2）明确需要进行人群疏散的紧急情况和通知疏散的方法。

（3）列举有可能需要疏散的位置。

（4）对疏散人群数量及疏散时间的估测。

（5）对疏散路线的规定。

（6）对需要特殊援助的群体的考虑，如周边学校、幼儿园、医院、养老院，以及老人、残疾人、抱病人员等。

在紧急情况下，根据事故的现场情况也可以选择现场人群安置方法。疏散与安置一般由政府组织进行，但景区、社区或政府部门必须事先做好准备，积极与地方政府主管部门合作，保护游人、当地居民及其他人员免受紧急事故危害。

**8. 医疗与卫生**

及时有效的现场急救和转送医院治疗，是减少事故现场人员伤亡的关键。在该功能中应明确针对可能发生的重大事故，为现场急救、伤员运送、治疗等所做的准备和安排，或者联络方法，包括：

（1）可用的急救资源列表，如急救医院、救护车和急救人员。

（2）抢救药品、医疗器械、消毒、解毒药品等的景区内、外来源和供给。

（3）建立与上级或当地医疗机构的联系与协调，包括食品中毒急救中心等。

（4）建立对受伤人员进行分类急救、运送和转送医院的标准操作程序。

（5）记录汇总伤亡情况，通过公共信息机构向新闻媒体发布受伤、死亡人数等信息。

（6）保障现场急救和医疗人员个人安全的措施。

**9. 公共关系**

突发事件发生后，不可避免地会引起新闻媒体和公众的关注，应将有关事故或事件的信息、影响、救援工作的进展、人员伤亡情况等及时向媒体和公众公布，以消除公众的恐慌心理，避免公众的猜疑和不满。

该应急功能应明确：

（1）信息发布审核和批准程序，保证发布信息的统一性，避免出现矛盾信息。

（2）指定新闻发言人，适时举行新闻发布会，准确发布事故信息，澄清事故传言。

此项功能的负责人应该定期举办新闻发布会，提供准确信息，避免错误报道。当没有进一步信息时，应该让人们知道事态正在调查，将在下次新闻发布会通知媒体，但尽量不要回避或掩盖事实真相。

**10. 应急人员安全**

重大事故应急救援工作危险性极大，必须对应急人员自身的安全问题进行周密的考虑，包括安全预防措施、个体防护设备等，明确紧急撤离应急人员的条件和程序，保证应急人员免受事故的伤害。

应急响应人员自身的安全是重大事故或重大旅游景区事故应急预案应予以考虑的一个重要因素。在该应急功能中，应明确保护应急人员安全所做的准备和规定，包括：

（1）应急队伍或应急人员进入和离开现场的程序，包括指挥人员与应急人员之间的通信方式，及时通知应急救援人员撤离危险区域的方法，以避免应急救援人员承受不必要的伤害。

（2）根据事故的性质，确定个体防护等级，合理配备个人防护设备，如配备自持式呼吸器等。此外，在收集到事故现场更多的信息后，应重新评估所需的个体防护设备，以确保正确选配和使用个体防护设备。

（3）对应急人员有关保证自身安全的培训安排，包括紧急情况下正确辨识危险性质与合理选择防护措施的能力培训，正确使用个体防护设备等。

示例

森林公园火灾应急人员可能遭受的危害：

1. 被火直接烧伤烧死。主要发生在扑火人员身处险地，来不及撤离。

2. 窒息伤亡。一是因一氧化碳中毒昏迷或死亡，当空气中的一氧化碳含量达到1%以上，身体较弱者1 min即可死亡，身体较强者2 min即会死亡。二是在火的前方，吸入高温气流后，咽喉发生水肿堵死气管死亡。

3. 摔伤摔死。主要是在扑火中，因断木、滚石砸伤，或因落崖摔伤摔死。

4. 因违反操作规程伤亡。在扑火中，使用铁锹、耙子等工具时，没有保持一定的距离而产生相互碰撞，或使用灭火弹不当发生人身伤害事故。

……

**11. 现场处置**

根据现场应急方案对现场进行处置，控制事故，是旅游景区突发事件应急的一个关键所在，对事故的现场处置的效果也是检验应急预案是否完善、有效的重要指标。

由于旅游景区可能发生的事故众多，处置方法存在较大差异，针对景区可能发生的不同突发事件，应制定相应的现场处置方案，以获得良好的应急效果。

示例

国内某景区水面事故现场应急程序之事故发生时的应急响应工作：

1. 负责水面区域的现场工作人员要时刻密切注意靠近水域的游人的一举一动，做好淹溺事故的应急准备工作。

2. 若现场工作人员发现有游人落水，要及时、果断地采取有效的援救措施（如跳入水中救人，或用竹竿等拉起落水游人等），同时，报告园区应急指挥中心，简要汇报当时情况，并封锁现场，以便救援工作的顺利实施。

3. 园区应急指挥中心应立即联系园区医务室，医务人员立即赶往出事现场。如果救起的游人情况良好，经过医务人员的检查确认后，应为其提供干净的新衣服。

4. 如果情况危急，园区应急指挥中心应立即联系120急救中心。

5. 在急救中心医务人员到来之前，园内医务人员应采取急救措施；急救中心医务人员到达之后，园内医务人员应配合急救中心医务人员的工作。

……

### 12. 现场恢复

现场恢复是指将事故现场恢复到相对稳定、安全的基本状态。

当应急结束后，应急总指挥应该委派恢复人员进入事故现场，清理重大破坏设施，恢复被损坏的设备和设施，清理火灾、自然灾害等处置后的残余等。

在应急结束后，事故区域还可能存在危险，因此，还应对事故及受影响区域进行检测，以确保恢复期间的安全。

恢复工作人员应该用彩带或其他设施将被隔离的事故现场区域围成警戒区。公安部门或保安人员应防止无关人员入内，还要通知保安人员如何应对管理部门的检查。

事故调查主要集中在事故如何发生及为何发生等方面。事故调查的目的是找出工作环境或安全管理中需要改进的地方，评估事故造成的损失或社会危害等，以避免事故再次发生。一般情况下，需要成立事故调查组。

## 三、特殊风险分预案

特殊风险管理是主要针对具体突发和后果严重的特殊危险事故或突发事件及特殊条件下的事故应急响应而制定的指导程序。特殊风险管理的具体内容是根据不同事故或事件情况设定的，通常包括基本应急程序的行动内容外，还应包括特殊事故或事件的特殊应急行动方案，它是前两部分的重要补充。

特殊风险分预案是在公共安全风险评价的基础上，进行危险分析，提出其中若干类不可接受风险。根据风险的特点，针对每一特殊风险中的应急活动，分别划分相关部门的主要负责、协助支持和有限介入三类具体的职责。不同景区和不同行业的风险不同，事故类型也不同，应针对其不同的特殊风险水平来制定相应的特殊风险管理内容。

## 四、支持附件

应急活动的各个过程中的任务实施都要依靠支持附件的配合和支持。这部分内容最全面，是应急的支持体系。支持附件的内容很广泛，一般应包括：

（1）组织机构附件。

（2）法律法规附件。

（3）通信联络附件。

（4）信息资料数据库。

（5）技术支持附件。

（6）协议附件。

（7）通报方式附件。

（8）重大旅游景区事故处置措施附件。

## 第三节 应急预案编制的核心要素

在编制预案时，一个重要问题是预案应包括哪些基本内容，才能满足应急活动的需求。因为应急预案是整个应急管理工作的具体反映，它的内容不仅限于事故或事件发生过程中的应急响应和救援措施，还应包括事故发生前的各种应急准备和事故发生后的紧急恢复，以及预案的管理与更新等。因此，完整的应急预案编制应包括六个一级关键要素，即方针与原则、应急策划、应急准备、应急响应、现场恢复、预案管理与评审改进。

六个一级要素之间既具有一定的独立性，又紧密联系，从应急的方针、策划、准备、响应、恢复到预案的管理与评审改进，形成了一个有机联系并持续改进的应急管理体系。根据一级要素中所包括的任务和功能，应急策划、应急准备和应急响应三个一级关键要素，可进一步划分成若干个二级小要素。所有这些要素构成了突发事件应急预案的核心要素，这些要素是应急预案编制应当涉及的基本方面。在实际编制时，根据突发事件的风险和实际情况的需要，也为便于预案内容的组织，可根据自身实际，将要素进行合并、增加、重新排列或适当的删减等，见表3—1。这些要素在应急过程中也可视为应急功能。

### 一、方针与原则

无论是何级或何类型的应急救援体系，首先必须有明确的方针和原则，作为开展应急救援工作的纲领。方针与原则反映了应急救援工作的优先方向、政策、范围和总体目标，应急的策划和准备、应急策略的制定和现场应急救援及恢复，都应当围绕方针和原则开展。

突发旅游事故应急救援工作要在预防为主的前提下，贯彻统一指挥、分级负责、区域为主、单位自救和社会救援相结合的原则。其中预防工作是应急救援工作的基础。除了平时做好事故的预防工作，避免或减少事故的发生外，还要落实好救援工作的各项准备措施，做到预先有准备，一旦发生事故就能及时实施救援。

## 二、应急策划

应急预案最重要的特点是要有针对性和可操作性。因而，应急策划必须明确预案的对象和可用的应急资源情况，即在全面系统地认识和评价所针对的潜在事故类型的基础上，识别出重要的潜在事故及其性质、区域、分布及事故后果，同时，根据危险分析的结果，分析评估应急救援力量和资源情况，为所需的应急资源准备提供建设性意见。在进行应急策划时，应当列出国家、地方相关的法律法规，作为制定预案和应急工作授权的依据。因此，应急策划包括危险分析、应急能力评估（资源分析），以及法律法规要求等三个二级要素。

**表 3—1　　突发事件应急预案核心要素**

<table>
<tr><td rowspan="4">突发事件应急预案核心要素</td><td>1. 方针与原则</td><td></td></tr>
<tr><td>2. 应急策划</td><td>2.1 危险分析<br>2.2 资源分析<br>2.3 法律法规要求</td></tr>
<tr><td>3. 应急准备</td><td>3.1 机构与职责<br>3.2 应急资源<br>3.3 教育、训练和演练<br>3.4 互助协议</td></tr>
<tr><td>4. 应急响应</td><td>4.1 接警与通知<br>4.2 指挥与控制</td></tr>
</table>

续表

| | | |
|---|---|---|
| 突发事件应急预案核心要素 | 4. 应急响应 | 4.3 警报和紧急公告<br>4.4 通信<br>4.5 事态评估<br>4.6 警戒与治安<br>4.7 人群疏散与安置<br>4.8 医疗与卫生<br>4.9 公共关系<br>4.10 应急人员安全<br>4.11 抢险<br>4.12 现场处置 |
| | 5. 现场恢复 | |
| | 6. 预案管理与评审改进 | |

## 三、应急准备

应急准备是指针对可能发生的突发事件，应做好的各项准备工作。能否成功地在应急救援中发挥作用，取决于应急准备的充分与否。应急准备基于应急策划的结果，明确所需的应急组织及其职责权限、应急队伍的建设和人员培训、应急物资的准备、预案的演练、公众的应急知识培训和签订必要的互助协议等。

## 四、应急响应

应急响应能力的体现，应包括需要明确并实施在应急救援过程中的核心功能和任务。这些核心功能具有一定的独立性，又互相联系，构成应急响应的有机整体，共同完成应急救援目的。

应急响应的核心功能和任务包括：接警与通知，指挥与控制，警报和紧急公告，通信，事态评估，警戒与治安，人群疏散与安置，医疗与卫生，公共关系，应急人员安全，抢险，现场处置等。

当然，根据景区突发事件风险性质以及应急主体的不同，需要的核心应急功能也可有一些差异。发生旅游景区突发事件后，政府环保部门应急响应中的应急功能和任务分工主要在于事态的监测与评估及现场处置方面，在其他应急功能方面起到技术支持和协调配合作用。

### 五、现场恢复

现场恢复是事故发生后期的处理。比如处理火灾产生的残留物的问题、事故后果评估、伤员的救助、后期的保险索赔、经营秩序的恢复等一系列问题。

### 六、预案管理与评审改进

强调在事故后（或演练后）的对于预案不符合和不适宜的部分进行不断的修改和完善，使其更加适应于实际应急工作的需要，但预案的修改和更新要有一定的程序和相关评审指标。

## 第四节　应急预案编制步骤

应急预案的编制过程可分为成立应急预案编制小组，授权、任务和进度，危险分析和应急能力评估，编制应急预案，应急预案的评审与发布，应急预案的实施这几个步骤。

### 一、成立应急预案编制小组

应急预案本身最重要的作用是，在应急过程中的实用性和可操作性。应急预案的编制是一个复杂的过程，由于应急预案的内容涉及诸多领域，包括多个组织和技术方面。组织应急预案的编制工作，首先要成立应急预案编制小组，由专人或小组负责应急预案的编制。

下面就小组成员的构成提出有关建议。

首先，应急预案编制小组的规模取决于应急预案的适用领域和涉及范围等情况。成立编制小组原则如下。

**1. 部门参与**

应鼓励更多的人投入编制过程，尤其是一些与应急相关的部门，因为编制的过程本身是一个磨合和熟悉各自活动、明确各自责任的过程。编制本身也是最好的培训过程。

**2. 时间和经费**

时间和必要的经费保证，使参与人员能投入更多的时间和精力。应急预案是一个复杂的工程，从危险分析、评价，脆弱性分析、资源分析，到法律法规要求的符合性分析，从现场的应急过程到防护能力及演练，如果没有充足的时间保证，难以保证预案的编制质量。

**3. 交流与沟通**

各部门必须及时沟通，互通信息，提高编制过程的透明度和水平。在编制过程中，经常会遇到一些问题，或是职责不明确，或是功能不全，有些在编制过程中由于不能及时沟通，导致出现功能和职责的重复、交叉或不明确等现象。

**4. 专家系统支持**

应急预案涉及多个领域的内容，预案的编写不仅是一个文件化的过程，更重要的是，它是依据客观和科学的实际情况对事故或事件进行评价的。编制一个与实际情况相适应的应急预案，其科学性、严谨性和可行性都是非常强的，只有对于这些领域的情况有深入的了解才能写出有针对性的内容。

对于旅游景区来讲，这个专家系统既可以利用外部的资源，也可充分利用本景区的资源，如景区的主要服务人员、设施管理操作人员、工程技术人员、设计人员等，在预案的编制过程中可以起到至关重要的作用。有时因景区的风险水平较高，或在进行安全评价中技术的要求难度较大，也可聘请一些专业的应急咨询机构和评价人员帮助开展其中的一些工作。

对于政府部门，在应对突发事件过程中，专家咨询也是一个不可或缺的环节，对旅游景区的事态评估、监测的控制与消除方法等起到决策与咨询作用。因此，建立专家信息库，分类指导应急准备工作，正确评估事故时的事态进展，并科学指导抢险和救援工作是十分必要的。

**5. 编制小组人员要求**

这些人员应有一定的专业知识，有团队精神和社会责任感等。另外，这些人员还应具有不同部门的代表性及公正性。

一定要明确参与具体编制的小组成员和专家系统，以及其他相关人员。在大多数情况下，可能该预案编制小组只有一两个人要承担大量的工作，负责具体的文字编写和组织工作。其他部门参与人员是非固定的，可各自负责需要编写的部分。编制过程应有一定时间集中讨论。编制小组应得到各相关功能部门的人员参与和保证，并应得到高层管理者的授权和认可。应以书面的形式或以景区单位下发文件的形式，明确指定各部门的参加人员，并得到本部门的认可。

**6. 人员构成**

景区应急预案编制小组应由以下部门人员组成：高层管理者，各级管理人员，财务部门，消防、保卫部门，各岗位工人，人力资源部，工程与维护部，安全主管，对外联系部门（如办公室等），后勤与采购部，医疗部门，以及其他人员。政府部门在应急预案编制过程中也应将突发事件应急功能和相关职能部门人员纳入预案编制小组之中。

## 二、授权、任务和进度

**1. 应急管理承诺**

明确应急管理的各项承诺；通过授权应急编制小组采取编制计

划所需的措施以形成团队精神。该小组应由最高管理者或者主要管理者直接领导。

小组成员和小组领导之间的权力应予以明确，但应保持充分的交流机会，保持必要的沟通。

**2. 发布任务书**

最高管理者或主要管理者应发布任务书，来明确对应急管理所做出的承诺。这些声明包括：

（1）确定编制应急预案的目的，指明将涉及的范围（包括整个组织）。

（2）确定应急预案编制小组的权力和结构。

**3. 时间进度和预算**

要明确确定工作时间进度表和预案编制的最终期限。明确任务的优先顺序，情况发生变化时可以对时间进度进行修改。一般来说，一个完整的预案编制过程应需要至少半年时间，当然，根据景区的风险水平和规模不同也有很大区别（不包括后期的维护与应急演练）。完成时间期限的确定取决于：

（1）景区的风险水平。

（2）应急情况的复杂性。

（3）编制人员的能力。

（4）景区以往的工作。

（5）可以利用的资料情况等。

时间分配可以参考以下几个阶段进行（指一般中等风险和规模的景区）。

## 三、危险分析和应急能力评估

**1. 初始评估**

应急方应根据实际情况，通过实施初始评估，对现有的应急能力、可能发生的危险和突发事件紧急情况，掌握有关的信息，并对目前在处理紧急事件时的基本能力进行评估。初始评估工作应由应急预案编制小组中的专业人员进行，并与相关部门及重要岗位工作人员交流。

初始评估一般应包括如下内容。

(1) 识别景区现有的风险，其中哪些是重大风险，对现有的或计划中的景区服务和景区管理组织中存在的重大危害和风险进行识别、预测和评价。

(2) 确定现有应急方案所采取的应急措施是否能消除危害或控制风险，然后对其薄弱环节进行分析，确定景区在处理紧急事件时的能力。

(3) 查找现有的适用法律和法规。确定适用于景区安全管理、应急方面的相关法律。

(4) 查阅相关文献。包括疏散计划，员工操作手册，特种设备安全管理规范，旅游景区安全相关政策，景区游览活动的安全程序，风险管理计划，与外部机构协调，景区附近的餐饮设施情况、住宅等。

(5) 初始评估的结果应形成书面报告，作为应急预案编制的决策基础。

**2. 危险分析**

没有进行过危险分析的景区首先要进行的工作是明确以下几个问题。

(1) 为什么要进行危险分析

制定应急预案主要是针对可能发生的重特大事故，和可能导致严重后果的一些事件，来采取相应的应急措施。要了解景区可能导致重大事故的情况，首先要对这些情况进行分析，进而提出有针对性的措施。

(2) 怎样进行危险分析

可采用一些具体的分析方法，强调重大事故和风险的分析，首先要界定范围，以简化分析过程。方法有定性定量分析、火灾爆炸指数评价、安全检查表、预先危险分析、故障类型及危险分析等。

知识链接

危险识别方法介绍：

（1）现场调查方法

通过询问交谈、现场观察、查阅有关记录，获取外部信息，加以分析研究，可识别有关的危险源。

（2）工作任务分析

通过分析施工现场人员工作任务中所涉及的危害，可识别出有关的危险源。

（3）安全检查表

运用编制好的安全检查表，对施工现场和工作人员进行系统的安全检查，可识别出存在的危险源。

（4）危险与可操作性研究

危险与可操作性研究是一种对工艺过程中的危险源实行严格审查和控制的技术。它是通过指导语句和标准格式寻找工艺偏差，以识别系统存在的危险源，并确定控制危险源风险的对策。

（5）事件树分析（ETA）

事件树分析是一种从初始原因事件起，分析各环节事件“成功（正常）”或“失败（失效）”的发展变化过程，并预测各种可能结果的方法，即时序逻辑分析判断方法。应用这种方法，通过对系统各环节事件的分析，可识别出系统的危险源。

（6）故障树分析（FTA）

故障树分析是一种根据系统可能发生的或已经发生的事故结果，去寻找与事故发生有关的原因、条件和规律。通过这样一个过程分析，可识别出系统中导致事故的有关危险源。

上述几种危险源识别方法从着手点和分析过程上，都有其各自特点，也有各自的适用范围或局限性。因此，项目管理人员在识别危险源的过程中，往往使用一种方法，还不足以全面地识别其所存在的危险源，必须综合地运用两种或两种以上方法。

建立危害辨识与风险评价程序，使危险分析工作规范化。明确危险辨识包括的主要内容及危险物质调查包括的场所，重大危险和重大事故等，通过评估保证应急预案能满足以下原则：

①最低事故发生率。

②最低人员和经济损失。

③最优化安全投资效益。

（3）如何在应急预案中应用危险分析结果

通过上述的评价结果，对应获取的相关信息来评估潜在紧急情况的后果，确定应急需求和设备系统的需求。评价应急需求的范围包括：

①景区的产品和服务，以及产品所需的设施和设备。

②景区内部和外部的资源和能力。

**3. 脆弱性分析**

当潜在的危险成为实际时，生命、财产和景区易受伤害或破坏。在危险识别的基础上进一步评价突发事件风险的脆弱性，即每一紧急情况发生的可能性和潜在后果。可通过量化的指标，对可能性进行赋值、估算后果，并评估资源。

风险分析主要是考虑危险发生的可能性，以及这种情况发生的可能性大小。还要评估事故发生时可能造成的事故后果，对人员伤害及财产损失、事故的影响等做出判断。

## 四、编制应急预案

编制应急预案必须在考虑应急主体的现状、需求和事故风险分析结果的基础上，大量收集和参阅已有的应急资料，以尽可能地减少工作量。

编写过程如下：

（1）确定目标和行动的优先顺序。

（2）确定具体的目标和重要事项，列出完成任务的清单、工作人员清单和时间表。明确脆弱性分析中发现的问题和资源不足的解决方法。

（3）编写计划：分配计划编制小组每个成员相应的编写内容，确定最合适的格式；对具体的目标明确时间期限，同时保证为完成任务提供足够和必要的时间。

（4）为下列各项活动制定时间进度表：初稿—评审—第二稿。

## 五、应急预案的评审与发布

为确保应急预案的科学性、合理性以及与实际情况的符合性，预案编制单位或管理部门应依据我国有关应急的方针、政策、法律、法规、规章、标准和其他有关应急预案编制的指南性文件与评审检查表，组织开展预案评审工作，取得政府有关部门和应急机构的认可。

### 1. 评审标准

评审人员可从应急预案的完整性、准确性、可读性、法律法规的符合性、兼容性、可操作性或实用性六个方面进行判断。

（1）应急预案的完整性

应急预案内容应完整，包含实施应急响应行动所需的所有基本信息。应急预案的完整性主要体现在：

①功能（职能）完整。即应急预案中应说明有关部门应履行的应急响应职能和应急准备职能，说明为确保履行这些职能而应履行的支持性职能。

②应急过程完整。应急管理一般可划分为应急预防（减灾）阶

段、应急准备阶段、应急响应阶段和应急恢复四个阶段，重大事故应急预案至少应涵盖上述四阶段。此外，由于短期恢复状况会影响减灾策略的实施，因此，应急计划中又必然涉及有关减灾策略的内容。

③适用范围完整。应急预案中应阐明该预案的适用地理范围。

(2) 准确性

应急预案的准确性是指预案中所包含各类基本信息的准确性。基本信息的准确性主要体现在通信信息准确、职责描述准确、适用危险性质及种类明确。

(3) 可读性

应急预案应当包含应急所需的所有基本信息，这些信息如组织不善可能会影响预案执行的有效性，因此预案中信息的组织应有利于使用获取的信息，具备相当的可读性。预案的可读性主要体现在：易于查询；语言简洁，通俗易懂；层次及结构清晰。

(4) 法律法规的符合性

应急预案中的内容应符合国家相关法律、法规、国家标准的要求。

(5) 兼容性

重大事故应急预案应与其他相关应急预案协调一致、相互兼容。

(6) 可操作性或实用性

应急预案具有实用性或可操作性。即发生重大事故灾害时，有关应急组织、人员可以按照应急预案的规定迅速、有序、有效地开展应急与救援行动、降低事故损失。

**2. 评审类型**

应急预案草案应经过所有要求执行该预案的机构或为预案执行提供支持的机构的评审。同时，应急预案作为重大事故应急管理工作的规范文件，一经发布，又具有相当权威性。因此，应急管理部门或编制单位应通过预案评审过程不断地更新、完善和改进应急预案文件体系。评审过程应相对独立。根据评审性质、评审人员和评审目标的不同，将评审过程分为内部评审和外部评审两类。

（1）内部评审

内部评审是指编制小组内部组织的评审。应急预案编制单位应在预案初稿编写工作完成之后，组织编写成员对预案进行内部评审。内部评审不仅要确保语句通顺，更重要的是评估应急预案的完整性。编制小组可以对照检查表检查各自的工作或评审整个应急预案。如果编制的是特殊风险预案，编制小组应同时对基本预案、标准操作程序和支持附件进行评审，以获得全面的评估结果，保证各种类型预案之间的协调性和一致性。内部评审工作完成之后，应对应急预案初稿进行修订并组织外部评审。

（2）外部评审

外部评审是预案编制单位组织本城或外埠同行专家、上级机构、社区及有关政府部门对预案进行的评审。外部评审的主要作用是确保应急预案中规定的各项权力法制化，确保应急预案被所有部门接受。根据评审人员的不同，可分为同行评审、上级评审、社区评议和政府评审四类。

①同行评审。应急预案经内部评审并修订完成之后，编制单位应邀请具备与编制成员类似资格或专业背景的人员进行同行评审，以便对应急预案提出客观意见。

②上级评审。上级评审是指由预案编制单位将所起草的应急预案交由其上一级组织机构进行的评审，一般在同行评审及相应的修订工作完成之后进行。

③社区评议。社区评议是指在应急预案审批阶段，预案编制单位组织公众对应急预案进行评议。公众参与应急预案评审不仅可以改善应急预案的完整性，也有利于促进公众对预案的理解，使其被

周围各社区正式接受，从而提高应对危险物品事故的能力。

④政府评审。政府评审是指由城市政府部门组织有关专家对编制单位所编写的应急预案实施审查批准，并予以备案的过程。

**3. 评审时机**

应急预案评审时机是指应急管理机构、组织应在何种情况下、何时，或间隔多长时间对预案实施评审、修订。对此，国内外相关法规、预案一般都有较为明确的规定或说明。

重大事故应急预案的评审、修订时机和频次可以遵循如下规则：

(1) 定期评审、修订。定期评审、修订的周期可确定为一年，即每年评审、修订一次应急预案。

(2) 随时针对培训和演练中发现的问题对应急预案实施评审、修订。

(3) 评审重大事故灾害的应急过程，吸取相应的经验和教训，修订应急预案。

(4) 国家有关应急的方针、政策、法律、法规、规章和标准发生变化时，评审、修订应急预案。

(5) 危险源有较大变化时，评审、修订应急预案。

(6) 根据应急预案的规定，评审、修订应急预案。

**4. 评审项目**

为确保应急预案内容完整、信息准确，符合国家有关法律法规的要求，并具有可读性和实用性，一些发达国家和国际性组织有关应急预案编制的指南性材料中，都十分强调预案评审或评价的作用，部分资料更是对预案评审的项目及各项目的评价指标进行了较为详尽的描述。结合我国重大事故应急准备工作实际，对比分析上述有关国家和国际组织对应急预案编制和评审工作提出的要求和相关资料，重大事故应急预案的评审可参考如下 4 组 31 个评审项目进行，见表 3—2。

表 3—2　应急预案评审项目

| 应急预案类别 | 评审项目 | 评审结果 | 备注 |
|---|---|---|---|
| A 基本预案评审 | A1 预案发布<br>A2 应急组织机构署名<br>A3 术语与定义<br>A4 相关法律法规<br>A5 方针与原则<br>A6 危险分析<br>A7 应急资源<br>A8 机构与职责<br>A9 教育、培训与演练<br>A10 与其他应急预案关系<br>A11 互助协议<br>A12 预案管理 | | |
| B 应急功能设置评审 | B1 接警与通知<br>B2 指挥与控制<br>B3 警报和紧急公告<br>B4 通信<br>B5 事态监测与评估<br>B6 警戒与管制<br>B7 人群疏散<br>B8 人群安置<br>B9 医疗与卫生<br>B10 公共关系<br>B11 应急人员安全<br>B12 消防和抢险<br>B13 泄漏物控制<br>B14 现场恢复 | | |
| C 特殊风险管理 | C1 特殊风险<br>C2 特殊风险应急功能设置 | | |
| D 标准操作程序 | D1 标准操作程序编制<br>D2 标准操作程序格式<br>D3 标准操作程序内容 | | |

5. **预案的发放与登记**

预案经批准后，应分发给有关部门，并建立发放登记表，记录发放日期、发放份数、文件登记号、接收部门、接收日期和签收人等有关信息。向社会或媒体分发用于宣传教育的预案可不包括有关标准操作程序、内部通信簿等不便公开的专业、关键或敏感信息。

6. **预案的修改和修订**

为不断完善和改进应急预案并保持预案的时效性，应就下述情况对应急预案进行定期或不定期的修改或修订。

（1）日常应急管理中发现预案的缺陷。

（2）训练或演练过程中发现预案的缺陷。

（3）实际应急过程中发现预案的缺陷。

（4）组织机构发生变化。

（5）人员及通信方式发生变化。

（6）有关法律法规标准发生变化。

（7）其他情况。

应规定组织预案修改、修订的负责部门和工作程序。预案修改时，填写预案更改通知单。经审核、批准后备案存档，并根据预案发放登记表，发放预案更改通知单复印件至各部门，以更新预案。

当预案更改的内容变化较大、累计修改处较多，或已达到预案修订期限，则应对预案进行重新修订。预案的修订过程应采取与预案编制相同的过程，包括从成立预案修订小组到预案的评审、批准和实施全过程。预案经修订重新发布后，应按原预案发放登记表，收回旧版本预案，发放新版本预案并进行登记。

## 第五节　应急预案示例

### 一、国内某景区应急救援预案

**1. 目的**

确定潜在的事故或紧急情况，做好应急准备，并及时做出有效的响应，以预防或减少可能伴随产生的社会影响。

**2. 应用范围**

本程序适用于对××管理局机关部门、局属单位相关活动、服务中的潜在或紧急情况产生的社会影响的控制。

**3. 职责**

（1）××管理局旅游安全管理者代表负责本程序的全面领导工作。

（2）安全保卫处负责本程序的归口管理，负责组织应急准备与响应工作的检查、评估和考核。

①安全保卫处负责防火、防盗、人身伤害、游乐设施故障等紧急情况和事故的管理。

②风景园林处负责古树名木、森林资源的保护，自然灾害和人为因素造成的动、植物危害及农药的使用，环境卫生紧急情况和事故的管理。

③综合管理处负责食品卫生、废水排放、烟尘排放紧急情况和事故的管理。

④水域管理处负责水域和船舶紧急情况和事故的管理。

⑤监察大队对局属单位及相关方造成的园林绿化、环境卫生、市政设施等方面的环境事故实施监察。

#### 4. 管理的内容与控制要求

（1）潜在隐患和紧急事故的确定

①按类型分：a. 违章用火、违章作业、油品泄漏、电线短路、雷电和其他自然因素导致的火灾；b. 船舶油品泄漏导致的污染事故；c. 停水、停电等导致的事故；d. 人为因素造成的动、植物资源的破坏；e. 在局属单位的活动和服务中的意外人身伤害；f. 盗窃导致的各种损害；g. 旱、涝、虫、风等自然因素导致的事故；h. 农药等化学品存储和使用不当导致的事故；i. 人为破坏导致地形、地貌损害；j. 餐饮废水、油烟处理装置故障、装置操作不当导致的事故；k. 食品存储和使用不当导致的事故；l. 固体废物收集、处理不当导致的事故；m. 游客过多、分流不力造成的事故；n. 游乐设施故障导致的事故。

②按对环境影响分为水体污染、大气污染、噪声污染、固体废物污染、有毒有害化学品污染，以及对人体健康的影响和对动、植物的影响。

③按影响程度分为轻微、一般、较大、重大、特大事故。

（2）潜在隐患或紧急事件的预防

①××管理局机关有关部门按其职责分别根据潜在隐患或紧急事件制定相应的管理制度、纠正和预防措施和应急响应预案。

②局属单位应按照上级部门制定的相关制度、措施、预案，制定本单位、本岗位的潜在隐患或紧急事件的相应制度、措施。

③××管理局机关有关部门会同局属单位按《环境管理培训控制程序》对关键岗位人员进行针对性的预防、应急知识培训，可按时、定期进行演练，提高预防、应急意识和防护、救助能力。

④安全保卫处、××管理局机关有关部门及局属单位按国家或上级有关规定，通过日常、定期、不定期专业检查和自查，进行隐患排查，对检查出的隐患，限期整改。严格执行“三定”（定措施、定责任人、定期限）和“二不交”（岗位能整改的不交单位、单位能

整改的不交××管理局机关有关部门)，对不能限期整改的，必须制定有效、可靠的预防、应急措施。

(3) 事故或紧急事件的应急处理

①当紧急事件发生时，责任单位和个人应立即按应急方案或措施进行处理，并及时报告本单位领导和××管理局机关有关部门，避免造成紧急情况的质变，使生产事故或事态扩大。

②不同类型或性质的突发性事故或紧急事件应采取不同的应急措施或方案。发生单位应依据事故预案或措施进行处理；如无预案的，须根据现场情况采取有效措施，防止事态扩大，争取缩短处理时间。

(4) 事故的调查、报告及处理

①一切事故不论大小都不得隐瞒，发生后应立即上报，并保存好原始资料，以备调查。

②一般、较大事故由责任单位组织进行调查处理，并填写“事故调查表”，报××管理局机关有关部门备案；重大、特大事故由安全保卫处会同××管理局机关部门组织局属单位进行调查，填写“事故调查表”。

③所有发生的事故或紧急事件，责任单位要召开事故分析会，查清原因，明确责任，提出处理意见和整改措施，填写事故报告。

④××管理局机关有关部门和责任单位应按要求建立和保存潜在隐患或紧急事件的预防应急预案、隐患治理台账、事故台账、事故调查报告。

(5) 相关记录

①DH/R××. ××事故调查表。

②DH/R××. ××事故台账。

③DH/R××. ××隐患治理台账。

(资料来源：××风景区管理局)

## 二、某市处置大型活动突发意外事件预案

为做好本市大型活动的安全保卫工作，及时、有效、有序地处置大型活动中发生的人员伤亡，火灾和建筑物、设施倒塌等意外事件，保护国家、集体和人民群众的生命和财产安全，根据国家有关规定，制定本预案。

### 1. 适用范围

本预案适用于处置在我市行政区域内的公园、广场、街道和体育场（馆）等公共场所举行的文体娱乐、旅游节目、经贸、节日庆典和民俗活动等人数较多、规模较大的活动中发生的意外事件。

### 2. 组织领导

在市委、市政府的统一领导下，成立市处置突发意外事件总指挥部，市总指挥部设在市政府办公厅，由市政府分管副市长任总指挥，市公安、卫生、建委、电业、公用事业、邮电、文化、体委、园林、旅游、市政、民政、外办、侨办和保险公司等单位的领导任副总指挥，必要时邀请当地部队有关首长任副总指挥，市总指挥部负责统一组织和指挥突发意外事件的处置工作。一旦发生突发意外事件，市总指挥部组成成员要迅速赶到现场，指挥调度各单位力量，迅速采取应急措施。市总指挥部视情况下设以下机构。

（1）办公室

由市政府办公厅主任任主任，市公安局等有关部门负责同志任副主任，有关人员参加，主要任务是及时掌握和控制事态发展，下达指挥部指示，并负责市总指挥部日常工作。

（2）救护组

由市卫生局负责同志任组长，组织医务人员、救护车辆迅速赶赴现场，并在现场附近设置临时急救站，现场救护伤员，并确定附近医院为临时抢救中心，组织有关医务人员全力抢救伤员。

（3）抢险组

由市建委负责同志任组长，电业、公用事业、邮电、市政等部门负责同志任副组长，组织各自抢险队赶赴现场，采取应急措施进行抢险，必要时可以对现场局部进行切断电、水、气等，以制止损失和危害的进一步扩大蔓延。发生通信、电力、自来水、煤气、市政设施等遭到破坏或泄漏等事件时，邮电、电业、市政工程、公用事业等单位要根据指挥部命令，迅速派出各自的抢险队参加现场抢险，必要时可请求使用飞机、舰船等抢险力量和工具。

(4) 保卫组

由市公安局负责同志负责组织治安、交通、消防、武警、港务公安等人员做好下列工作。

①组织特警机动队、武警机动队会同现场执勤人员抢救事件中受伤的人员，疏散现场人员，控制现场以免损失进一步扩大，尽最大努力减少人员伤亡，并要保护好现场原始环境，同时要注意发现现场带头闹事、趁火打劫的不法分子，要组织录像人员进行现场录像和取证工作。

②组织各分局、交警，将出事现场封闭，疏散围观人员，阻止无关人员进入，维护好现场周围的治安、交通秩序，避免引起混乱。

③如果意外事件发生在体育场（馆)、影剧院等公共场所内，要迅速将所有的门打开：一方面利用场（馆）内的广播宣传，要求现场人员有秩序地安全撤离，不要拥挤，惊慌乱跑；另一方面在通道口形成人墙护送现场人员离开危险地段。

④如果有人员留在倒塌的建筑物和设施上，公安消防局要利用消防车上的高架云梯救护遇难的群众离开现场。

⑤力量不足时，要迅速报告市总指挥部，请求当地部队支援参加抢险工作，并请求空军、海军出动直升机参加现场救人和运送伤员工作。

(5) 善后处理组

由当地党委、政府负责同志任组长，由活动主办单位、民政局、保险公司等单位负责同志任副组长，负责做好突发事件善后处理工作。

（6）涉外、涉台组

由市外办、市台办负责同志负责，做好涉外、涉台联络工作。

（7）由市政府牵头组织公安局、检察院及有关部门专家组成事故调查小组深入现场进行调查取证，初步认定事故原因。

**3. 处置原则和要求**

（1）当大型活动发生伤亡、火灾、房屋等建筑物和设施倒塌事件后，现场执勤人员在采取临时抢救措施、疏散人员、封闭出事现场的同时，应立即向市政府报告，市公安局组织抢救力量到达现场后也要向市总指挥部报告处置情况。

（2）快速反应。事件发生后，指挥部成员单位领导要迅速赶赴现场，按照指挥部指示迅速组织处置力量。

（3）迅速沟通联络。由邮电及信息组迅速沟通与各小组联络，保证信息畅通。

（4）抢救伤员，减少损失。按照职责分工，努力抢救伤员，并采取有力措施疏导群众，封闭现场，防止损失扩大。

（5）各单位要组织有关人员认真学习，充分认识到当前形势下做好处置突发事件，确保人民群众生命财产安全的重要性，从思想上、行动上、措施上做好充分的准备，坚决克服麻痹思想，做到有备无患。

（6）要坚持“预防为主”的原则。各单位特别是公安机关在日常大型文体活动的安全保卫工作中，要认真细致地对活动场地进行安全检查，及时排除隐患，认真贯彻“谁主管，谁负责”的原则，督促主办、承办单位落实各项安全防范措施，将事故隐患消除在萌芽阶段，同时还要组织足够的力量，加强现场执勤，维护好活动场所的治安秩序。

（7）与国家安全机构保持必要的联系，特别注意可能的有组织、有预谋的恐怖主义袭击事件的发生，对国内外反华势力、分裂主义分子、邪教组织、国际恐怖主义分子可能发动的突然袭击保持必要的警惕。

(8) 各有关部门要明确在处置突发事件中的职责和作用，组织好各自的抢险机动队，维护保养好车辆、装备等抢险工具，做到一声令下即迅速赶赴现场，快速处置。

(9) 主办、承办单位要树立“安全第一”的思想，明确安全职责和安全负责人，从安排活动的时间、地点、形式、规模、核定入场人员、场地安全设施等方面认真检查落实安全防范措施，积极按公安机关的检查意见整改，并组织足够的内部执勤力量，维护好现场秩序。

(10) 抢险人员要服从命令，听从指挥，令行禁止，以对国家、对人民高度负责的精神，不怕牺牲，积极参加抢险工作；对擅离职守造成损失进一步扩大的，要追究有关人员的责任；同时，现场抢险人员要加强请示报告，及时采取果断措施予以处置。

## 三、国内某大型园林人员疏散预案

### 1. 目的

当园区内发生重大事故、需要紧急疏散与事故应急救援无关的游人时，要及时、有效地处置，以保证园内各项工作的正常运行，避免出现人身意外伤害。

### 2. 范围

本方案适用于××××，需要紧急疏散园内游客时的应急处置。

### 3. 人员疏散应急的组织架构

(1) 组织机构的任务

为了人员疏散应急处置方案的顺利实施，要成立预案组织机构。

组织机构的任务是：有计划地指挥疏散，减少因人群盲目流动造成的道路局部拥堵或某一出口处的堵塞，从而减少或避免踩踏等突发事件的发生。

（2）机构成员及分工职责

组长：园区管理部总指挥，负责预案启动和上报。

成员：安全保卫中队，负责现场指挥与协调。

人员疏散应急预案的组长由安全工作指挥中心副总指挥担任，成员由安全保卫中队人员组成。

**4. 应急分级**

在制定园区总体安全管理控制方案时，有必要以园区正常景观容量、园区峰值容量（可以理解为最大允许容量）为参照，实行分级预警管理。

（1）第一等级（蓝色）：正常景观容量以下。

（2）第二等级（黄色）：超过正常景观容量，但未达到峰值容量，需要进入警戒状态。在这种情况下有可能要对人群、人流进行疏导。

①与限制状态区域（三级）相邻区域，进入戒备状态（黄色，第二级）。

②在全园区处于正常状态时，有一处单体园区进入应急状态时，全园区进入戒备状态（黄色，第二级）。

（3）第三等级（橙色）：达到峰值容量，需要采取限制措施，在出入口需施行应急措施。

①与红色应急状态区域相邻区域，进入限制状态（橙色，第三级）。

②全园单体区域出现拥挤、阻滞情况时，应进入限制状态（橙色，第三级）。

③在园区处于戒备状态（黄色，第二级）时，如有单体园区进入应急状态，则全园区进入限制状态（橙色，第三级）。

④在全园区处于正常状态时，如在全园有两处以上单体区域进入应急状态时，全园进入限制状态（橙色，第三级）。

⑤在全园区有多处单体区域处于限制状态（橙色，第三级）时，全园进入限制状态（橙色，第三级）。

（4）第四等级（红色）：出现紧急状况，需要采取撤离行动。

①单体园区发生伤亡事故，或单体园区发生险情（如火情、结构破坏、破损）时，这一区域进入应急状态（红色，第四级）。

②在全园区处于正常状态时，全园有三处以上单体区域进入应急状态时，全园进入应急状态（红色，第四级）。

③在全园区处于限制状态时（橙色，第三级），如单体园区或区域进入应急状态，则全园区进入应急状态（红色，第四级）。

**5. 应急处置程序**

（1）开园期间售票处需随时向场内管理人员通报客流情况；根据园区管理部门制定的预案中设定的游客数量安全等级标准采取相应疏散措施，如暂停售票、暂时限制游人进场等。

（2）疏散指挥人员身穿“高可视”服装，首先确认事故中的疏散方向，然后按照疏散示意图标识的路线疏散游客。如果事故可能危及周边地域，指挥部应当和有关部门联系，协助引导疏散。

（3）疏散人员或者“第一响应者”引导游客有序疏散后，应检查自己负责的区域，在确保无滞留人员后方可离开。

（4）接到发生火灾的信号后，要立即开启事故广播系统，将指挥人员的命令、火灾情况、疏散情况等由控制中心发出，引导人们疏散，内容包括：

①发生火灾的部位、目前蔓延的范围、燃烧程度等。

②需要疏散人员的区域，指出比较安全区域的方位和标志，以便使被困者确认自己是否到达安全区域。

③指示疏散的路线和方向，说明利用哪条疏散通道和出口、安全指示标志的高低位置及颜色。

④对已经被烟火围困的人员，要告知他们救生器材的使用方法以及自制救生器材的方法，使其树立起自救逃生的信心。

（5）工作人员立即组织疏散，指挥人员通知现场安保人员疏散的方向和通道，由安保人员引导游客有组织、有秩序地进行疏散。

（6）公安消防队到达火场后，由公安消防指挥员组织指挥。园区工作人员应主动向公安消防队汇报火场情况，积极协助公安消防队，做好疏散抢救工作。

# 第四章 旅游景区应急培训与演练

## 第一节　应急预案的培训

### 一、应急培训计划

应急预案是行动指南，应急培训是应急救援行动成功的前提和保证。通过培训，可以发现应急预案的不足和缺陷，并在实践中加以补充和改进；通过培训，可以使事故涉及的人员包括应急队员、事故当事人等都能了解一旦发生事故，他们应该做什么，能够做什么，如何去做以及如何协调各应急部门人员的工作等。应急培训计划的制订步骤如图 4—1 所示。

### 二、需求分析

制订培训计划之前，首先要对应急救援系统各层次和岗位人员进行工作和任务分析，确定应急工作效果、培训的必要性和应急工作的必要条件。培训工作者应该按任务和职责对每个应急岗位的能力要求制定一个“工作/任务摘要表”。工作/任务摘要表的基本格式应该包括以下内容：

**1. 使命**

岗位的总体目标。

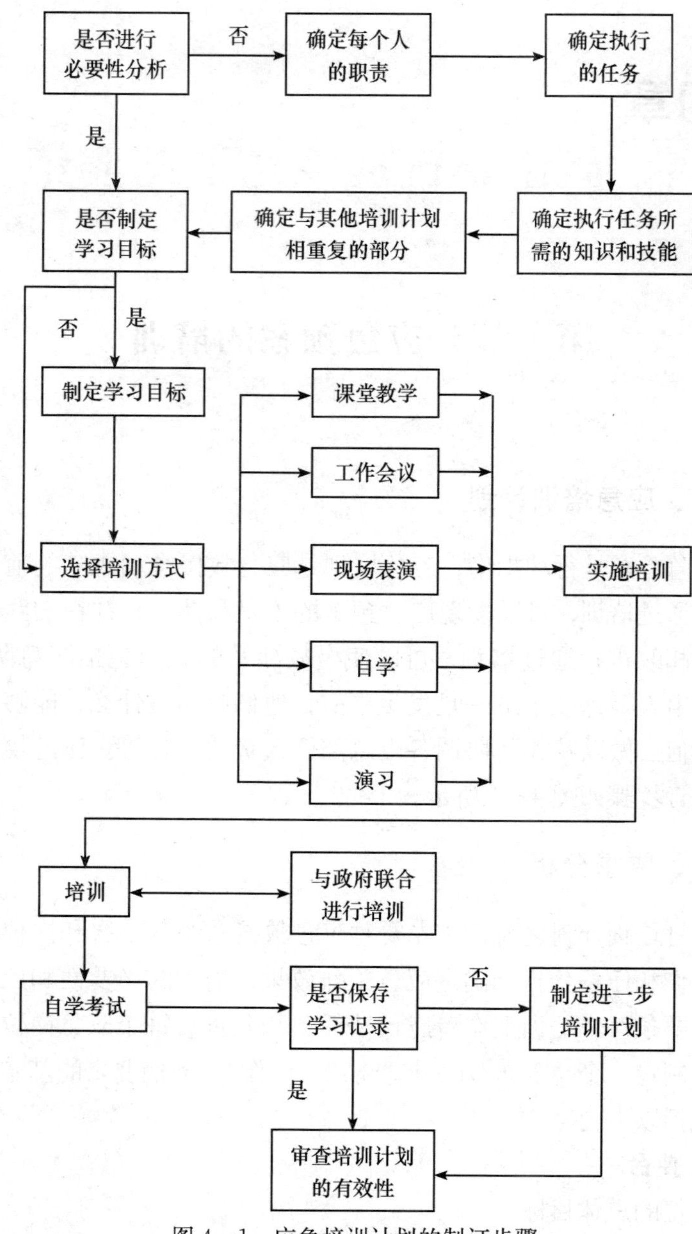


图 4—1　应急培训计划的制订步骤

2. **重要职责**

按职责对工作全面说明。

3. **任务**

每项职责下要履行的各种任务。

4. **人物说明**

明确说明责任人该怎么做。

5. **小组与个人**

个人执行任务和小组执行任务之间的区别。

完成应急任务表后，应该核实所有职责、任务和相关任务的信息。

根据工作/任务分析，可明确学习目标和培训后受训者希望的效果。

## 三、课程设计

应急培训课程应根据专项培训计划而制定。所有授课内容应以培训目标为主要决策基础。

培训者应该确定授课方法，如讲座、模拟、自学、小组受训和考试等。应根据以下要求确定：

(1) 学习任务效能要求。

(2) 教学要求（如初训、再训)。

(3) 受训者和教师互动要求。

根据效能标准和评估准则，培训者应该制定合适的测试方法，应该规定出使考试与实际应急工作保持一致性和相关性的必要程序和导则。所有培训内容都应该进行考试。培训者应该系统分析测试结果，给受训者有效的反馈。这种分析不仅能帮助改进受训者的缺陷，也能帮助培训者辨识出培训计划的缺点以便改善培训计划。

培训计划应该详细说明教学设施（如大楼、实验室、设备）和教学媒介。一些应急培训可能在特定的机构进行，如火灾实验室和武警培训学院。

应注意依照培训管理计划来实施培训。光有一个良好的应急培训计划，却不能遵照执行是巨大的资源浪费。还应该建立教师任职资格制度，以确保培训效果。

## 四、应急培训的基本内容

应急培训是确保施工现场应急预案得到正确理解的重要手段。编制应急预案固然重要，但如果不对相关人员进行必要的应急相应流程、应急救援知识等方面的培训，再完善的应急预案也得不到有效的贯彻实施，也就起不到预防和降低紧急情况造成的危害和损失的目的。公司应定期为工人提供必要的职业健康安全培训，举办消防演习，包括灭火演习和疏散演习。工人应明白工作中存在的职业危害和可能发生的意外事故，应掌握基本的“三会”技能，即会报警、会疏散、会使用灭火器。

应急培训的内容应包括以下几个方面：

（1）针对不同紧急情况的应急预案的内容，使相关人员掌握应急响应的职责分工、应急救援流程、应急响应物质的存放地点和取得方式、人员疏散的路线和要求等，确保应急响应过程的协调有序。

（2）应急指挥信号的识别。使所有作业人员熟悉现场规定的应急信号，以便在紧急情况发生时能迅速做出响应。

（3）现场急救知识。使各类响应人员了解一般的现场救援知识，如触电、窒息、中毒、中暑、外伤等，以便对在紧急情况中受到危害的人员进行现场急救。

应急培训的范围应包括施工现场所有相关人员，既包括各类应急响应小组的人员，也包括在潜在的紧急情况发生地点作业的人员。对应急响应小组人员的培训，重点是不同紧急情况下的响应措施和流程，以及各自分工的工作内容。对作业场所其他人员的培训，重点是应急响应的信号、人员疏散路线，以及必要的自救逃生知识。

应急培训的方式多种多样，可以集中培训，也可以分专业、分工种单独培训，还可以通过宣传栏、板报等广泛宣传教育，施工现场应根据自身的实际情况灵活采用。应急培训可以单独进行，也可以结合入场教育、班前活动、安全交底等一起进行。培训结束后，应通过一定的方式对培训效果进行评价，根据评价的结果决定是否需要采取进一步的措施，确保培训达到预期的效果。

基本应急培训是指对参与应急行动所有相关人员进行的最低限度的应急培训，要求应急人员了解和掌握如何识别危险、如何采取必要的应急措施、如何启动紧急警报系统、如何安全疏散人群等基本操作。

**1. 报警**

(1) 使应急人员了解并掌握如何利用身边的工具最快、最有效地报警，比如使用移动电话（手机)、固定电话、无线电台、网络或其他方式报警。

(2) 使应急人员熟悉发布紧急情况通告的方法，如使用警笛、警钟、电话或广播等。

(3) 当事故发生后，为及时疏散事故现场的所有人员，应急队员应掌握如何在现场贴发警示标志。

**2. 疏散**

为避免事故中不必要的人员伤亡，应培训足够的应急队员在事故现场安全、有序地疏散被困人员或周围人员。对人员疏散的培训主要在应急演习中进行，通过演习还可以测试应急人员的疏散能力。

**3. 火灾应急培训**

由于火灾的易发性和多发性，对火灾应急的培训显得尤为重要。要求应急队员必须掌握必要的灭火技术以便在着火初期迅速灭火，降低或减小导致灾难性事故的危险，掌握灭火装置的识别、使用、保养、维修等基本技术。由于灭火主要是消防队员的职责，因此，火灾应急培训主要也是针对消防队员开展的。

4. **不同水平应急者培训**

针对危险品事故应急，应明确不同层次应急队员的培训要求。通过培训，使应急者掌握必要的知识和技能以识别危险、评价事故危险性、采取正确措施，以降低事故对人员、财产、环境等的危害。

具体培训中，通常将应急者分为五种水平，每一种水平都有相应的培训要求。

（1）初级意识水平应急者

该水平应急者通常是处于能首先发现事故险情并及时报警的岗位上的人员，如保安、门卫、巡查人员等。对他们的要求包括：

①确认危险物质并能识别危险物质的泄漏迹象。

②了解所涉及的危险物质泄漏的潜在后果。

③了解应急者自身的作用和责任。

④能确认必需的应急资源。

⑤如果需要疏散，则应限制未经授权人员进入事故现场。

⑥熟悉事故现场安全区域的划分。

⑦了解基本的事故控制技术。

（2）初级操作水平应急者

该水平应急者主要参与预防危险物质泄漏的操作，以及发生泄漏后的事故应急，其作用是有效阻止危险物质的泄漏，降低泄漏事故可能造成的影响。对他们的培训要求包括：

①掌握危险物质的辨识和危险程度分级方法。

②掌握基本的危险和风险评价技术。

③学会正确选择和使用个人防护设备。

④了解危险物质的基本术语以及特性。

⑤掌握危险物质泄漏的基本控制操作。

⑥掌握基本的危险物质清除程序。

⑦熟悉应急预案的内容。

（3）危险物质专业水平应急者

该水平应急者的培训应根据有关指南要求来执行，达到或符合指南要求以后才能参与危险物质的事故应急。对其的培训要求除了掌握上述应急者的知识和技能以外还包括：

①保证事故现场的人员安全，防止不必要伤亡的发生。

②执行应急行动计划。

③识别、确认、证实危险物质。

④了解应急救援系统各岗位的功能和作用。

⑤了解特殊化学品个人防护设备的选择和使用。

⑥掌握危险的识别和风险的评价技术。

⑦了解先进的危险物质控制技术。

⑧执行事故现场清除程序。

⑨了解基本的化学、生物、放射学的术语和其表示形式。

(4) 危险物质专家水平应急者

具有危险物质专家水平的应急者通常与危险物质专业人员一起对紧急情况做出应急处置，并向危险物质专业人员提供技术支持。因此要求该类专家所具有的关于危险物质的知识和信息必须比危险物质专业人员更广博更精深。因此，危险物质专家必须接受足够的专业培训，以使其具有相当高的应急水平和能力：

①接受危险物质专业水平应急者的所有培训要求。

②理解并参与应急救援系统的各岗位职责的分配。

③掌握风险评价技术。

④掌握危险物质的有效控制操作。

⑤参加一般清除程序的制定与执行。

⑥参加特别清除程序的制定与执行。

⑦参加应急行动结束程序的执行。

⑧掌握化学、生物、毒理学的术语与表示形式。

(5) 应急指挥级水平应急者

该水平应急者主要负责的是对事故现场的控制并执行现场应急

行动，协调应急队员之间的活动和通信联系。该水平的应急者都具有相当丰富的事故应急和现场管理的经验，由于他们责任的重大，要求他们参加的培训应更为全面和严格，以提高应急指挥者的素质，保证事故应急的顺利完成。通常，该类应急者应该具备下列能力：

①协调与指导所有的应急活动。

②负责执行一个综合性的应急救援预案。

③对现场内外应急资源的合理调用。

④提供管理和技术监督，协调后勤支持。

⑤协调信息发布和政府官员参与的应急工作。

⑥负责向国家、省、市、当地政府主管部门递交事故报告。

⑦负责提供事故和应急工作总结。

不同水平应急者的培训要与危险品公路运输应急救援系统相结合，以使应急队员接受充分的培训，从而保证应急救援人员的素质。

## 五、应急演练

旅游景区突发事件应急演练是保障旅游应急体系始终处于良好战备状态的重要手段，通过旅游应急演练，可以检验《旅游景区突发事件应急预案》的有效性和充分性，并可增强各类组织和应急人员的应急能力，因此非常有必要开展旅游应急演练及相关培训工作。

应急演练是我国各类事故及灾害应急准备过程中的一项重要工作，多部法律、法规及规章对此都有相应的规定，如《消防法》《危险化学品安全管理条例》《矿山安全法实施条例》《使用有毒物品作业场所劳动保护条例》《核电厂核事故应急条例》《突发公共卫生事件应急条例》等规定有关单位和行政部门应针对火灾、化学事故、矿山灾害、职业中毒、核事故或突发性公共卫生事件定期开展应急演练。

应急演练类型有多种，不同类型的应急演练虽有不同特点，但在策划演练内容、演练情景、演练频次、演练评价方法等方面的共同性要求包括：

(1) 领导重视、科学计划

开展应急演练工作必须得到有关领导的重视，给予财政等相应支持，必要时有关领导应参与演练过程并扮演与其职责相当的角色。应急演练必须事先确定演练目标，演练策划人员应对演练内容、情景等事项进行精心策划。

(2) 结合实际、突出重点

应急演练应结合当地可能发生的危险源特点、潜在事故类型、可能发生事故的地点和气象条件及应急准备工作的实际情况进行。演练应重点解决应急过程中组织指挥和协同配合问题，解决应急准备工作的不足，以提高应急行动的整体效能。

(3) 周密组织、统一指挥

演练策划人员必须制定并落实保证演练达到目标的具体措施，各项演练活动应在统一指挥下实施，参演人员要严守演练现场规则，确保演练过程的安全。演练不得影响经营单位的安全正常运行，不得使各类人员承受不必要的风险。

(4) 由浅入深、分步实施

应急演练应遵循由下而上、先分后合、分步实施的原则，综合性的应急演练应以若干次分练为基础。

(5) 讲究实效、注重质量

应急演练指导机构应精干，工作程序要简明，各类演练文件要实用，避免一切形式主义的安排，以取得实效为检验演练质量的唯一标准。

(6) 应急演练原则上应避免惊动公众，如必须卷入有限数量的公众，则应在公众教育得到普及、条件比较成熟时相继进行。

## 第二节　应急预案的演练

### 一、旅游应急演练的目标

应急演练的目的是通过培训、评估、改进等手段提高保护人民群众生命财产安全和景区的综合应急能力，说明应急预案的各部分或整体是否能有效地付诸实施，验证应急预案应对可能出现的各种紧急情况的适应性，找出应急准备工作中可能需要改善的地方，确保建立和保持可靠的通信渠道及应急人员的协同性，确保所有应急组织都熟悉并能够履行他们的职责，找出需要改善的潜在问题。下述18项演练目标基本涵盖了重大事故应急准备过程中，应急机构、组织和人员应展示出的各种能力。在设计演练方案时应围绕这些演练目标展开。

**1. 应急动员**

展示通知应急组织，动员应急响应人员的能力。本目标要求责任方应具备在各种情况下警告、通知和动员应急响应人员的能力，以及启动应急设施和为应急设施调配人员的能力。责任方既要采取系列举措，向应急响应人员发出警报，通知或动员有关应急响应人员各就各位，还要及时启动应急指挥中心和其他应急支持设施，使相关应急设施从正常运转状态进入紧急运转状态。

**2. 指挥和控制**

展示指挥、协调和控制应急响应活动的能力。本目标要求责任方应具备应急过程中控制所有响应行动的能力。事故现场指挥人员、应急指挥中心指挥人员和应急组织、行动小组负责人员都应按应急预案要求，建立事故指挥系统，展示指挥和控制应急响应行动的能力。

3. **事态评估**

展示获取事故信息，识别事故原因和致害物，判断事故影响范围及其潜在危险的能力。本目标要求应急组织具备主动评估事故危险性的能力。即应急组织应具备通过各种方式和渠道积极收集、获取事故信息，评估、调查人员伤亡和财产损失、现场危险性等有关情况的能力；具备根据所获信息，判断事故影响范围及事故对景区周边居民和景区环境的中长期危害的能力；具备确定进一步调查所需资源的能力；具备及时通知国家、省及其他应急组织的能力。

4. **资源管理**

展示动员和管理应急响应行动所需资源的能力。本目标要求应急组织具备根据事态评估结果识别应急资源需求的能力，以及动员和整合内、外部应急资源的能力。

5. **通信**

展示与所有应急响应地点、应急组织和应急响应人员进行有效通信交流的能力。本目标要求应急组织建立可靠的主通信系统和备用通信系统，以便与有关岗位的关键人员保持联系。应急组织的通信能力应与应急预案中的要求相一致。通信能力的展示主要体现在通信系统及其执行程序的有效性和可操作性方面。

6. **应急设施、装备和信息显示**

展示应急设施、装备、地图、显示器材及其他应急支持资料的准备情况。本目标要求应急组织具备足够应急设施，且应急设施内装备、地图、显示器材和应急支持资料的准备与管理状况能满足支持应急响应活动的需要。

7. **警报与紧急公告**

展示向公众发出警报和宣传保护措施的能力。本目标要求应急组织具备按照应急预案中的规定，迅速完成向一定区域内公众发布应急防护措施命令和信息的能力。

8. **公布信息**

展示及时向媒体和公众发布准确信息的能力。本目标要求责任方具备向公众发布确切信息和行动命令的能力。即责任方应具备协调其他应急组织，确定信息发布内容的能力；具备及时通过媒体发布准确信息，确保公众能及时了解准确、完整和通俗易懂的信息的能力；具备谣言控制，澄清不实传言的能力。

9. **公众保护措施**

展示根据危险性质制定并采取公众保护措施的能力。本目标要求责任方具备根据事态发展和危险性质选择并实施恰当公众保护措施的能力，包括选择并实施学生、残障人员等特殊人群保护措施的能力。

10. **应急响应人员安全**

展示监测、控制应急响应人员面临的危险的能力。本目标要求应急组织具备保护应急响应人员安全和健康的能力，主要强调应急区域划分、个体保护装备配备、事态评估机制与通信活动的管理。

11. **交通管制**

展示控制交通流量，控制疏散区和安置区交通出入口的组织能力和资源。本目标要求责任方具备管制、疏散区域交通道口的能力，主要强调交通控制点设置、执法人员配备和路障清除等活动的管理。

12. **人员登记、隔离**

通过人员登记、隔离，展示监控与控制紧急情况的能力。本目标要求应急组织具备在适当地点（如接待中心）对疏散人员进行监测和登记的能力，主要强调与监测和登记活动相关的执行程序、设施、设备和人员情况。

13. **人员安置**

展示收容被疏散人员的程序、安置设施和装备，以及服务人员的准备情况。本目标要求应急组织具备在适当地点建立人员安置中心的能力，人员安置中心一般设在学校、公园、体育场馆及其他建筑设施中，要求可提供生活必备条件，如避难所、食品、厕所、医疗与健康服务等。

**14. 紧急医疗服务**

展示有关转运伤员的工作程序、交通工具、设施和服务人员的准备情况，以及展示医护人员、医疗设施的准备情况。本目标要求应急组织具备将伤病人员运往医疗机构的能力和为伤病人员提供医疗服务的能力。转运伤病人员既要求应急组织具备相应的交通运输能力，也要求具备确定伤病人员运往何处的决策能力。医疗服务主要是指医疗人员接收伤病人员的所有响应行动。

**15. 24 小时不间断应急**

展示保持 24 小时不间断的应急响应能力。本目标要求应急组织应急过程中具备保持 24 小时不间断运行的能力。重大事故应急过程可能需坚持 1 日以上的时间，一些关键应急职能需维持 24 小时的不间断运行，因而责任方应能安排两班人员轮班工作，并周密安排接班过程，确保应急过程的持续性。

**16. 增援（国家、省及其他地区）**

展示识别外部增援需求的能力和向国家、省及其他地区的应急组织提出外部增援要求的能力。本目标要求应急组织具备向国家、省及其他地区请求增援，并向外部增援机构提供资源支持的能力。主要强调责任方应及时识别增援需求、提出增援请求和向增援机构提供支持等活动。

**17. 事故控制与现场恢复**

展示采取有效措施控制事故发展和恢复现场的能力。本目标要求应急组织具备采取针对性措施，有效控制事故发展和清理、恢复现场的能力。现场恢复是指应急组织为保护居民安全健康，在应急响应后期采取的清理现场污染物、恢复主要生活服务设施，以及制定并实施人员重入、返回与避迁措施等一系列活动。

#### 18. 文件化与调查

展示为事故及其应急响应过程提供文件资料的能力。本目标要求应急组织具备根据事故及其应急响应过程中的记录、日志等文件资料调查分析事故原因，并提出应急不足改进建议的能力。从事故发生到应急响应过程基本结束，参与应急的各类应急组织应按有关法律法规和应急预案中的规定，执行记录保存、报告编写等工作程序和制度，保存与事故相关的记录、日志及报告等文件资料，供事故调查及应急响应分析使用。

## 二、旅游应急演练类别

旅游应急演练是指来自多个机构、组织或群体的人员针对假设旅游景区，执行实际紧急事件发生时各自职责和任务的排练活动。鉴于假设场景受到实际条件的种种限制，因此有关单位的应急演练可结合自身实际情况，采用包括桌面演练、功能演练和全面演练在内的多种演练类型。

#### 1. 桌面演练

桌面演练是指由应急组织的代表或关键岗位人员参加的，按照旅游景区应急预案及其标准运作程序讨论紧急情况时应采取行动的演练活动。桌面演练的主要特点是对演练情景进行口头演练，一般是在会议室内举行的非正式的活动，主要作用是在没有时间压力的情况下，演练人员检查和解决应急预案中问题的同时，获得一些建设性的讨论结果。主要目的是在友好、较小压力的情况下，锻炼演练人员解决问题的能力，以及解决应急组织相互协作和职责划分的问题。

桌面演练只需展示有限的应急响应和内部协调活动，应急响应人员主要来自本地应急组织，事后一般采取口头评论形式收集演练人员的建议，并提交一份简短的书面报告，总结演练活动和提出有关改进应急响应工作的建议。桌面演练方法成本较低，主要用于为功能演练和全面演练做准备。开展桌面旅游应急演练需要有足够容纳所有参加人和模拟材料（地图、图表）的场地，专用显示材料和应急反应设备（如计算机）。

**2. 功能演练**

功能演练是指针对某项应急响应功能或其中某些应急响应活动举行的演练活动（例如只是应急监测队伍的测试）。功能演练一般在应急指挥中心举行，并可同时开展现场演练，调用有限的应急设备，主要目的是针对应急响应功能，检验应急响应人员及应急管理体系的策划和响应能力。

功能演练比桌面演练规模要大，需动员更多的应急响应人员和组织，必要时，还可请求上级应急响应机构参与演练过程，为演练方案设计、协调和评估工作提供技术支持，因而协调工作的难度也随着更多应急响应组织的参与而增大。

**3. 全面演练**

全面演练指针对应急预案中全部或大部分应急响应功能，检验、评价应急组织应急运行能力的演练活动。全面演练一般要求持续几个小时甚至更长时间，采取交互式方式进行，演练过程要求尽量真实，调用更多的应急响应人员和资源，并开展人员、设备及其他资源的实战性演练，以展示相互协调的应急响应能力。

与功能演练类似，全面演练也少不了负责应急运行、协调和政策拟订人员的参与，以及上级应急组织人员为演练方案设计、协调和评估工作提供的技术支持。

三种演练类型的最大差别在于演练的复杂程度和规模，所需评价人员的数量与实际演练规模、地方资源等状况有关。无论选择何种应急演练方法，应急演练方案必须适应辖区旅游景区应急管理的需求和资源条件。

而根据应急演练的规模，可将演练分为以下三类：

（1）单项演练

这是为了熟练掌握应急操作或完成某种特定任务所需技能而进行的演练。此类演练包括通信联络程序演练、人员集中清点、应急装备物（物质）到位演练、医疗救护行动演练等。

(2) 组合演练

这是为了检查或提高应急组织之间及其与外部组织之间的相互协调性而进行的演练。

(3) 综合演练

这是应急预案内规定的所有任务单位或其中绝大多数单位参加的，为全面检查预案可执行性而进行的演练。此类演练较前两类演练更为复杂，需要更长的准备时间。

## 三、旅游应急演练的任务

开展旅游应急演练过程可划分为演练准备、演练实施和演练总结三个阶段。按照应急演练的三个阶段，可将演练前后应予完成的内容和活动分解，并整理成 20 项单独的基本任务。

### 1. 确定演练日期

应急演练指挥机构应与有关部门、应急组织和关键人员提前协商，并确定应急演练日期。

### 2. 确定演练目标和演练范围

演练指挥机构应提前选择演练目标，确定演练范围或演练水平，并落实相关事宜。

### 3. 编写演练方案

演练指挥机构应根据演练目标和演练范围事先编制演练方案，对演练性质、规模、参演单位和人员、假想事故、情景事件及其顺序、气象条件、响应行动、评价标准与方法、时间尺度等事项进行总体设计。

### 4. 确定演练现场规则

演练指挥机构应事先制定演练现场的规则，确保演练过程受控和演练参与人员的安全。

**5. 指定评价人员**

演练指挥机构负责人应预先确定演练评价人员，分配评价任务。评价人员由政府有关部门的领导及相关领域内的专家担任。

**6. 安排后勤工作**

演练指挥机构应事先完成演练通信、卫生、物资器材、场地交通、现场指示和生活保障等后勤保障工作。

**7. 准备和分发评价人员工作文件**

指挥机构应事先准备说明评价人员工作任务、演练日程及后勤问题的工作文件，以及与其任务相关的背景资料，并在演练前分发给评价人员。

**8. 培训评价人员**

演练指挥机构应在演练前完成评价人员培训工作，使评价人员了解应急预案和执行程序，熟悉应急演练评价方法。

**9. 讲解演练方案与演练活动**

演练指挥机构负责人应在演练前分别向演练人员、评价人员、控制人员讲解演练过程、演练现场规则、演练方案、情景事件等事项。

**10. 记录应急组织演练表现**

演练过程中，评价人员应记录并收集演练目标的演练情况。

**11. 评价人员访谈演练参与人员**

演练结束后，评价人员应立即访谈演练人员，咨询演练人员对演练过程的评价、疑问和建议。

**12. 汇报与协商**

演练结束后，指挥机构负责人应尽快听取评价人员对演练过程的观察与分析，确定演练结论并启动协商机制，确定采取何种纠正措施。

13. **编写书面评价报告**

演练结束后，评价人员应尽快对应急组织表现给出书面评价报告，以及演练目标演练情况的书面说明。

14. **演练人员自我评价**

演练结束后，演练指挥机构负责人应召集演练人员代表对演练过程进行自我评估，并对演练结果进行总结和解释。

15. **举行公开会议**

演练结束后，演练指挥机构负责人应邀请参演人员出席公开会议，解释如何通过演练检验应急能力，听取大家对应急预案的建议。

16. **通报不足项**

演练结束后，演练指挥机构负责人应通报本次演练中存在的不足项，以及应采取的纠正措施。有关方面接到通报后，应在规定的期限内完成整改工作。

17. **编写演练总结报告**

演练结束后，演练指挥机构负责人应向上级部门及领导提交演练报告。报告内容应包括本次演练的背景信息、演练时间、演练方案、参与演练的应急组织、演练目标、演练不足项、整改项及建议整改措施等。

18. **评价和报告不足项补救措施**

演练结束后，有关方面应针对不足项及时采取补救性训练等措施。指挥机构负责人应针对补救措施完成情况准备单独的评价报告。

19. **追踪整改项的纠正**

演练结束后，演练指挥机构负责人应追踪整改项纠正情况，确保整改项能在下次演练中得到纠正。

20. **追踪演练目标演练情况**

指挥机构应确保应急组织按照有关法规、标准和应急预案的要求演练所有演练目标。

## 四、旅游景区突发事件应急演练准备

**1. 成立演练指挥机构**

演练指挥机构是演练的领导机构，是演练准备与实施的策划部门，对演练实施全面控制，其主要职责如下：

①确定演练目的、原则、规模和参演的部门；确定演练的性质与方法，选定演练的地点与时间，规定演练的时间尺度和公众参与的程度。

②协调各参演单位之间的关系。

③确定演练实施计划、情景设计与处置方案，审定演练准备工作计划、导演和调整计划。

④检查和指导演练的准备与实施，解决准备与实施过程中所发生的重大问题。

⑤组织演练总结与评价。

应急演练是一项非常复杂的综合性工作，为确保演练成功，演练组织单位应建立应急演练策划小组。策划小组应由多种专业人员组成，包括来自消防、公安、医疗急救、应急管理、市政、学校、气象部门的人员，以及新闻媒体、景区、交通运输单位、景区主管部门的代表等，必要时，军队、核事故应急组织或机构也可派出人员参与策划小组的工作。

指挥机构成员应熟悉所演练功能、演练目标和各项目标的演练范围等要求。演练人员不得参与指挥机构的工作，更不能参与演练方案的设计。指挥机构组建后，应任命其中一名成员为指挥机构负责人。在较大规模的功能演练或全面演练时，指挥机构内部应有适当分工，设立专业分队，分别负责上述事项。

**2. 编制演练方案**

演练方案主要包括情景说明书、演练计划、评价计划、情景事件总清单、演练控制指南、签订演示协议、演练人员手册和通讯录等演练文件。

(1) 情景说明书

情景说明书的主要作用是描述事故情景，为演练人员的演练活动提供初始条件和初始事件。情景说明书主要以口头、书面、广播、视频或音频方式向演练人员说明。

演练情景设计和旅游景区应急预案是演练方案的基础。演练情景是指对假想事故按其发生过程进行叙述性的说明，情景设计就是针对假想事故的发展过程，设计出一系列的情景事件，包括重大事件和次级事件，目的是通过引入这些需要应急组织做出相应响应行动的事件，刺激演练不断进行，从而全面检验演练目标。演练情景中必须说明何时、何地、发生何种事故、被影响区域、气象条件等事项，即必须说明事故情景。演练人员在演练中的一切对策活动及应急行动，主要针对假想事故及其变化而产生，事故情景的作用在于为演练人员的演练活动提供初始条件，并说明初始事件的有关情况。事故情景可通过情景说明书加以描述，并以控制消息形式通过电话、无线通信、传真、手工传递或口头传达等传递方式通知演练人员。

情景设计过程中，指挥机构应考虑以下注意事项。

①编写演练方案或设计演练情景时应将演练参与人员、公众的安全放在首位。演练方案和情景设计中应说明安全要求和原则，以防演练参与人员或公众的安全健康受到危害。

②负责编写演练方案或设计演练情景的人员必须熟悉演练地点及周围各种有关情况。一般来说，应由技术专家和组织指挥专家(管理专家) 两部分专家参与此项工作。演练人员不得参与演练方案编写和演练情景的设计工作，确保演练方案和演练情景相对于演练人员是保密的。

③设计演练情景时应尽可能结合实际情况，具有一定的真实性。为增强演练情景的真实程度，指挥机构可以对历史上发生过的真实

事故进行研究，将其中一些信息纳入演练情景中，或在演练中采用一些道具或其他模拟材料等手段。

④情景事件的时间尺度可以与真实事故的时间尺度相一致。如果因其他原因，可以将情景事件的时间尺度缩短或延缓。但只要有可能，两者最好能保持一致，特别是演练的早期阶段，能使演练人员了解可能用来完成他们自己特定任务的真实时间是非常必要的，当演练涉及反映应急组织之间的协同配合时，时间尺度的真实性也是演练成功进行的关键因素。但是，可以用做演练的时间总是有限的，所以根据演练目标的要求压缩时间尺度也是可以接受的，室内演练中压缩时间尺度的情况经常发生，无特殊需要不应延长时间尺度。

⑤设计演练情景时应详细说明气象条件。如果可能，应使用当时当地的气象条件。但是依照气象预报在情景设计时描述的气象条件很可能与演练开始后出现的天气情况不一致，使得事先设定的响应程序在演练中会因为天气变化而无法执行。因此，演练时不必一定使用当时当地气象条件，必要时可根据演练需要假设气象条件。

⑥设计演练情景时应慎重考虑游人卷入的问题，避免引起游人恐慌。必要时，对游人作为演练人员在演练中的行动细节做出详尽的说明，并明确规定新闻媒体进行宣传的内容、时间和方法。

⑦设计演练情景时应考虑通信故障问题，以检测备用通信系统。备用通信系统检测应采取实际演练方式，而不是仅仅以模拟或口头演练备用通信系统。

⑧设计演练情景时应对演练顺利进行所需的支持条件加以说明。如通信保障、技术与生活保障、物资器材保障等。关于演练结束后仍需完成某些任务的单位或个人也必须在演练情景中予以明确。

⑨演练情景中不得包含任何可降低系统或设备实际性能，影响真实紧急情况检测和评估的结果，减损真实紧急情况响应能力的行动或情景。

（2）演练计划

演练的目的在于检验和提高应急组织的总体应急响应能力，使应急响应人员将已经获得的知识和技能与应急实际相结合。为确保演练成功，策划小组应事先制订演练计划。

（3）评价计划

评价计划是对演练计划中演练目标、评价准则及评价方法的扩展。内容主要是对演练目标、评价准则、评价工具及资料、评价程序、评价策略、评价组组成，以及评价人员在演练准备、实施和总结阶段的职责和任务的详细说明。

（4）情景事件总清单

情景事件总清单是指演练过程中需引入情景事件（包括重大事件或次级事件）按时间顺序的列表，其内容主要包括情景事件及其控制消息和期望行动，以及传递控制消息的时间或时机。情景事件总清单主要供控制人员管理演练过程使用，其目的是确保控制人员了解情景事件应何时发生、应何时输入控制消息等信息。

（5）演练控制指南

演练控制指南是指有关演练控制、模拟和保障等活动的工作程序和职责的说明。该指南主要供控制人员和模拟人员使用，其用途是向控制人员和模拟人员解释与他们相关的演练思想，制定演练控制和模拟活动的基本原则，建立或说明支持演练控制和模拟活动顺利进行的通信联系、后勤保障和行政管理机构等事项。

（6）签订演练协议

演练范围（或演练水平）是指对演练事件承担某项职责的应急组织响应演练事件的行动与响应实际紧急事件的行动之间的一致程度。演练时，应急响应行动可以通过两种方式表现，一种是参与演练的应急组织按照实际紧急事件发生时应采取的行动而行动；另一种是通过模拟行动表现出来。与此相对应，应急组织参与演练可分为两类：全面参与和部分参与。全面参与指应急组织必须展示应急预案或执行程序中规定的所有应急响应能力，包括该组织应急设施内部的演练活动和现场（外部）的演练活动；部分参与指应急组织仅在该组织应急设施内部实施各项演练活动，而现场演练活动则通过模拟行动表现。

在开展旅游景区重大事故全面应急演练时，并不一定要求与演练目标相关的应急组织全部参与，也不要求参与演练的应急组织全面参与。应急组织是选择全面参与还是部分参与主要取决于该组织是否是该次演练的培训对象和评价对象。如果不是，则该组织可以采取部分参与方式，其现场演练活动由控制人员或模拟人员以模拟方式完成。为确保演练成功进行，策划小组应与所有希望通过模拟行动展示演练目标的应急组织签订书面演练协议，规范演练范围，说明允许该组织展示应急演练目标时可采取的模拟行动。

(7) 演练人员手册

演练人员手册是指向演练人员提供的有关演练具体信息、程序的说明文件。演练人员手册中所包含的信息均是演练人员应当了解的信息，但不包括应对其保密的信息，如情景事件等。

(8) 通讯录

通讯录是指记录关键演练人员通信联络方式及其所在位置等信息的文件。

演练策划小组应事先确定本次应急演练的一组目标，并确定相应的演练范围或演练水平。

**3. 制定演练现场规则**

演练现场规则是指为确保演练安全而制定的对有关演练和演练控制、参与人员职责、实际紧急事件、法规符合性、演练结束程序等事项的规定或要求。演练安全既包括演练参与人员的安全，也包括游人及当地居民和景区的安全。确保演练安全是演练策划过程中的一项极其重要的工作，指挥机构应制定演练现场规则。

4. **培训评价人员**

指挥机构应确定演练所需评价人员数量和应具备的专业技能，指定评价人员，分配各自所负责评价的应急组织和演练目标。评价人员应对应急演练和演练评价工作有一定的了解，并具备较好的语言和文字表达能力，必要的组织和分析能力，以及处理敏感事务的行政管理能力。评价人员数量根据应急演练规模和类型而定，对于参演应急组织、演练地点和演练目标较少的演练，评价人员数量需求也较少；反之对于参演应急组织、演练地点和演练目标较多的演练，评价人员数量也随之增加。

## 五、演练机构及职责

1. **总指挥部及职责**

总指挥部由政府部门领导，旅游局、安监局、公安、消防、卫生等有关部门领导组成。

总指挥部的职责是全面负责事故现场的处理处置工作，通过区域监察信息系统接收现场指挥部发送的现场处置的图像、监测报告和处置报告，以及根据现场反馈的其他情况启动专家系统，通过有线、无线和网络将指令传达到事故现场；及时掌握现场处置情况，向现场指挥部提供技术支持，及时提出处置意见，统一调配、协调各有关监察、监测力量。

2. **现场指挥部及职责**

现场指挥部负责及时听取、了解事故现场情况，进行现场勘察，组织现场监测，对事故做出判断，提出应急方案建议，统一调度现场环保人力、物力和设备。现场指挥部由政府及旅游、公安、消防、卫生等部门的负责人组成。为便于现场信息传输和现场指挥，现场指挥部地点一般选在靠近事件发生但较为安全的场所。现场指挥部的职责是：在总指挥部的统一指挥下，具体负责事故的调查、取证和监测，提出处置方案建议，随时向总指挥部汇报现场处理情况，将现场处置图片、监测数据、事故处理报告通过区域监察信息系统上传给总指挥部。

**3. 安全专家咨询组**

专家咨询组对现场监察组报告的事发现场情况信息进行综合分析和研究，初步确定事故的种类和影响范围，对事件的正确处置及景区安全提出建议，为指挥部的决策提供技术支持。

**4. 现场处置工作小组及职责**

（1）现场监察组

在接到指令后，以最快方式抵达事发现场，了解事故景区基本情况、主要涉及人员和事故影响范围等，随时向现场指挥部报告动态情况，提出处置建议，同时按要求向区域监察信息系统发送事故现场图片、录像、监测报告、事故报告。根据事发现场环境动态情况，工作组有紧急处置权，但事后要向现场指挥部报告处置情况。

（2）公安组

负责处置现场公共安全管理工作，维护现场秩序，疏通道路交通。

（3）现场救助组

①消防组。负责对演练事故装置的侦检、中毒人员的营救，和周边景区组成联合抢险组，进行抢险灭火等工作。

②卫生组。负责中毒人员和演练过程的人员救护等工作。

③联合抢险组。联合抢险组负责人员的救助、现场的紧急处理等抢险工作。

（4）通信联络组

通信联络组负责排除各类通信故障，保证现场指挥的有线通信、无线通信和计算机网络通信畅通，及时沟通现场指挥部与外界的联系。

## 六、应急演练实施

应急演练实施阶段是指从宣布初始事件起到演练结束的整个过程。虽然应急演练的类型、规模、持续时间、演练情景、演练目标等有所不同，但演练过程中的基本内容大致相同，它应包括如下基本内容。

### 1. 演练控制

演练过程中参演应急组织和人员应尽可能按实际紧急事件发生时的响应要求进行演练，即“自由演练”，由参演应急组织和人员根据自己关于最佳解决办法的理解，对情景事件做出响应行动。策划小组或演练活动负责人的作用主要是宣布演练开始和结束，以及解决演练过程中的矛盾。控制人员的作用主要是向演练人员传递控制消息，提醒演练人员终止对情景演练具有负面影响，或超出演练范围的行动，提醒演练人员采取必要行动以正确展示所有演练目标，终止演练人员不安全的行为，延迟或终止情景事件的演练。

演练过程中参演应急组织和人员应遵守当地相关的法律法规和演练现场规则，确保演练安全进行，如果演练偏离正确方向，控制人员可以采取“刺激行动”以纠正错误。“刺激行动”包括终止演练过程。使用“刺激行动”时应尽可能平缓，以诱导方法纠偏，只有对背离演练目标的“自由演练”才使用强刺激的方法使其中断反应。

### 2. 演练实施要点

为充分发挥演练在检验和评价景区应急能力方面的重要作用，演练策划人员、参演应急组织和人员针对不同应急功能进行演练时，应注意如下演练实施要点。

①早期通报。

②指挥与控制。

③通信。

④警报与紧急公告。

⑤公共信息与社区关系。

⑥资源管理。

⑦卫生与医疗服务。

⑧应急响应人员安全。

⑨公众保护措施。

⑩执法。

⑪事态评估。

⑫人道主义服务。

⑬市政工程。

## 七、应急演练总结

演练结束后，进行总结与讲评是全面评价演练是否达到演练目标、应急准备水平及是否需要改进的一个重要步骤，也是演练人员进行自我评价的机会。演练总结可以通过访谈、汇报、协商、自我评价、公开会议和通报等形式完成。应该包括以下几个部分。

### 1. 演练评价

演练评价是指观察和记录演练活动、比较演练人员表现与演练目标要求并提出演练发现的过程。演练评价目的是确定演练是否达到演练目标要求，检验各应急组织指挥人员及应急响应人员完成任务的能力。要全面、正确地评价演练效果，必须在演练覆盖区域的关键地点和各参演应急组织的关键岗位上，派驻公正的评价人员。评价人员的作用主要是观察演练的进程，记录演练人员采取的每一项关键行动及其实施时间，访谈演练人员，要求参演应急组织提供文字材料，评价参演应急组织和演练人员表现并反馈演练发现。

### 2. 应急演练总结与追踪

演练结束后，进行总结与讲评是全面评价演练是否达到演练目标、应急准备水平及是否需要改进的一个重要步骤，也是演练人员进行自我评价的机会。演练总结与讲评可以通过访谈、汇报、协商、自我评价、公开会议和通报等形式完成。演练总结应包括：

①演练背景。

②参与演练的部门和单位。

③演练方案和演练目标。

④演练过程的全面评价。

⑤演练过程发现的问题和整改措施。

⑥对应急预案和有关程序的改进建议。

⑦对应急设备、设施维护与更新的建议。

⑧对应急组织、应急响应人员能力和培训的建议。

指挥机构负责人及参演人员应在演练结束规定期限内，根据在演练过程中收集和整理的资料，编写演练报告，演练报告是对演练情况的详细说明和对该次演练的评价，经讨论后交景区领导。

## 第三节　应急预案演练方案实例

### 某市旅游景区突发地质灾害应急预案演练方案

#### 一、应急预案演练的目的

在×市××县黄河岸边××小禾村黄土滑坡即将发生的紧急情况下，能够迅速、高效、有序地安全撤离险区群众，做好地质灾害的防灾避灾和抢险救灾应急工作。通过这次演练，进一步提高各级政府和有关部门应对突发地质灾害的应急反应能力，提高广大人民群众的防灾避灾意识，一旦临灾能迅速、有序、安全地撤离或避让，最大限度地减少地质灾害造成的损失，保护人民群众生命财产的安全。

## 二、应急预案演练的任务

本次地质灾害应急预案演练的任务是：××小禾村黄土滑坡遭受连续降雨、强降雨等因素的诱发，滑坡有可能产生速滑趋势的紧急情况下，及时启动《×市突发地质灾害应急预案》和《××县突发地质灾害应急预案》，在县人民政府和市国土资源局的统一领导下，组织市县各相关部门各司其职，用最短的时间组织滑坡危险区内的××户××名群众快速有序安全撤离，尽快采取防灾减灾有效措施。

## 三、应急预案演练的原则

地质灾害应急预案演练工作遵照：

（1）以人为本、避让为主的原则。

（2）统一领导、分级负责的原则。

（3）反应迅速、措施果断的原则。

（4）部门配合、分工协作的原则。

## 四、应急预案演练背景

小禾村黄土滑坡位于黄河边，滑坡处于黄土前缘大陡坡，出露地层为全新统上更新世 Q2—3 黄土，上部 Q2 黄土层厚 2～3 m，下部 Q3 可见 4 层古土壤，土体结构疏松，垂直节理发育。坡体为单层结构土体斜坡，斜坡上部为塬面，下部为黄河阶地。××小禾村黄土滑坡 1976 年 8 月遭遇连阴雨后曾发生滑坡，造成 70 孔窑洞、4 间房屋等财产毁坏，由于撤离群众及时，未发生人员伤亡。目前该滑坡坡体长度 200 m、宽 400 m、厚约 35 m，体积约 140 万 $m^3$，属于大型黄土滑坡。该滑坡的危害性极大，直接威胁着在滑坡体前缘下居住的坡底村村民 36 户 174 人生命财产的安全。滑体目前处于初期蠕滑阶段，遇连续降雨（大雨、暴雨）等因素的作用，滑坡随时可能产生突然滑动，滑坡稳定性极差，有下滑的趋势。

该滑坡隐患点编制有“防抢撤方案”，受威胁群众持有“防灾避险明白卡”。

## 五、应急预案演练的组织

1. 在省国土资源厅和市人民政府的统一领导下，由市国土资源局、××县人民政府组织实施。

2. 邀请观摩的有关部门领导：

(1) 省国土资源厅及有关处室的领导。

(2) 省民政厅、卫生厅等有关部门领导。

(3) 省地质环境监测总站有关人员。

(4) 全省10个市国土资源局的主管局长、科长和地环站站长。

(5) ×市气象局、水利局、交通局、建设局、民政局、卫生局、安监局、教育局、公安局的领导及市辖13个县（市）区政府及国土部门领导。

## 六、演练时间

1. 预演练时间：2013年4月20日上午9：00。

2. 正式演练时间由省国土资源厅确定（2013年4月下旬）。

## 七、应急预案演练的实施步骤

### 1. 应急预案演练预备工作

(1) 召开应急预案演练预备工作会议

会议由市国土资源局、××县人民政府联合召集，县人民政府、县地质灾害防治领导小组成员、相关部门领导、××镇和坡底村村委干部及生产队长等参加（会议时间暂定4月16日上午9时在××县××镇政府会堂召开）。

会议内容：

①市国土资源局及县人民政府领导讲话，通报进行地质灾害应急抢险救灾预案演练工作的目的意义、标准要求及有关部门的工作任务等情况。

②座谈应急预案演练方案实施的有关问题。

③演练工作分工。

A. 指挥长（××县县长、市国土资源局局长）

主要负责：

a. 全面负责应急抢险救灾工作。

b. 决定启动应急预案。

c. 指挥应急抢险工作。

B1. 副指挥长（市国土资源局副局长、××县人民武装部部长）

主要负责：

a. 组织应急抢险救灾工作。

b. 协调各部门工作。

c. 负责调查、监测及工作的策划。

B2. 副指挥长（××县县委副书记、××县人民政府××副县长、××县人民政府办公室××主任）

主要负责：

a. 传达联络各部门工作。

b. 协助总指挥做好各项后勤及有关演练物资准备等相关事宜。

c. 负责新闻媒体报道工作。

④六个应急工作组演练职责。

A. 综合联络组：由县政府办公室××主任任组长，成员由县武装部、政府办公室、国土局、气象局、民政局、建设局、交通局、水利局、安监局、公安局、教育局、卫生局、地质专家及××镇政府负责人组成。任务为：组织制定应急处理和抢险救灾方案，报指挥部审定后送应急抢险小组组织实施；负责应急抢险救灾工作情况与信息的搜集、汇总形成书面材料向指挥部负责人报告，并同时向上级主管部门报告；掌握现场抢险救灾工作进度，及时预测灾情发展变化趋势，并研究对策；负责联络应急抢险组、交通治安管理组、灾险情调查监测组、医疗卫生组、后勤物资保障组、灾后重建组工作。

B. 交通治安管理组：由县公安局局长××任组长，成员由县公安局、交通局、县交警大队、武警中队、××镇政府及其有关部门工作人员组成。任务为：迅速组建交通治安管理队伍；维护灾害现场社会治安秩序和交通秩序；负责灾区治安和刑事案件的侦破工作；对地质灾害区现场实施戒严封锁；组织灾区现场治安巡逻保护；负责疏散受灾区内无关人员，协助应急抢险组转移灾区人员及财产；完成现场抢险救灾指挥部交办的其他工作。

C. 应急抢险组：由××县武装部部长××任组长，成员由县武装部、县教育局、××镇政府及其有关部门工作人员组成。任务为：迅速组织部队、民兵预备人员赶赴灾区现场组织抢险救灾，负责组织、指导遇险人员开展自救和互救工作；负责统一调集、指挥现场施救队伍，实施现场抢险救灾；负责实施抢险救灾工作的安全措施，抢救遇险人员和转移灾害现场的国家财产；完成现场抢险救灾指挥部交办的其他工作。

D. 灾险情调查监测组：由县国土资源局局长×××任组长，成员由县国土局、气象局、安监局、地质专家、市地质环境监测站、××镇政府及其有关部门工作人员组成。任务为组织专家开展现场调查，查明灾害形成的条件、引发因素、影响范围和人员财产损失情况，确定地质灾害等级；设立专业监测网点，对灾害点现状稳定性进行监测和评估；对可能再次发生地质灾害提出能够阻止或延缓再次发生灾害的措施；提供灾害发生地详细准确的气象预报；提出人员财产的撤离、转移最佳路线和灾民临时安置地点的意见；完成县地质灾害抢险救灾指挥部交办的其他工作。

E. 医疗卫生组：由县卫生局局长××任组长，成员由县卫生局、县人民医院急救中心、××镇医院、××镇政府及其相关部门工作人员组成。任务为：迅速组建、调集现场医疗救治队伍；负责联系、指定、安排救治医院，组织指挥现场受伤人员接受紧急救治和转送医院救治，减少人员伤亡；负责调集、安排医疗器材和救护车辆；负责向上级医疗机构求援；认真搞好灾区的卫生防疫工作，确保在灾情发生后不发生各种传染性疫病。

F. 后勤物资保障组：由县民政局局长××任组长，成员由民政局、交通局、财政局、教育局，××镇政府主要领导及其有关部门工作人员组成。任务为：负责抢险救灾经费及时足额到位；负责灾民的临时安置工作；负责救灾物资的调运、储存和发放；为灾民提供维持基本生活必需品和抢险救灾人员的生活保障。确保抢险救灾指挥通信联络的优先畅通。

（2）应急预案演练工作准备

①综合联络组全面负责各项准备工作的协调与筹划。

②交通治安管理组应熟悉××小禾村滑坡的灾害危险性及危险区内的相关情况，制定交通管制及灾区安全保卫的措施，解决有关问题，准备封锁公路、道路通行的禁牌及禁止进入危险区的警示标志。

③灾险情调查监测组应熟悉××小禾村黄土滑坡的地理环境及滑坡情况，设立监测标志，全站仪监测安置地点和监测记录等。

④应急抢险组、后勤保障组应熟悉××小禾村黄土滑坡的地理环境及滑坡情况，熟记群众撤离避让路线、灾民临时安置地点及卫生抢救所的临时设置地点的有关情况，做好抢险救灾、物资储备调运及有关设备装备与调运工作。

⑤医疗卫生组应熟悉灾民临时安置地的有关情况，准备救护车及相关救护医疗器材等，确保抢险救灾或演练应急之用。

⑥××镇政府组织应急抢险小分队，小分队由××镇基层民兵组成，人员 30 人左右，统一着装，培训演练。

⑦县国土局、县教育局、××镇政府及相关的××派出所做好

紧急撤离群众的训导工作，确定相关典型形象的演练。

（3）应急预案演练预演工作

4月16日上午召开演练预备会议，统一协调有关工作，明确有关部门、单位及有关人员的工作任务，标准及要求，制定完善公布有关演练的方案、措施、办法等，县武装部、县国土局、教育局、卫生局、广播电视局、有关新闻媒体，以及××镇政府及相关的村委会、生产队，分片召开参加演练区域内的全体群众会议，进行广泛深入的宣传和训导，提高广大群众的防灾避灾意识，确保各种形象人员落实及演练各种措施。4月20日上午9：00进行预演，正式演练时间由省国土资源厅确定。

**2. 演练工作程序**

（1）演练工作预备会议

4月16日上午10：00—12：00，××县××镇政府会堂召开演练工作协调预备会议，参加人员：××县政府、市国土局领导、×市地质环境监测站、演练指挥部成员、县政府有关部门及××镇政府领导、有关村委干部、生产队长等。

①县政府领导讲话。

②市国土资源局领导作演练工作的安排。

a. 布置演练工作（时间进程安排）。

b. 观摩现场定点定位及车辆安排。

（2）演练工作程序安排

4月20日上午9：00，全体演练单位及观摩贵宾集中××县××小禾村村委会待命。

9：10，接××镇政府报告："因昨夜连续大雨，××小禾村黄土滑坡出现严重险情，简易监测资料表明滑坡后缘裂缝向两侧不断延伸，宽度已增大40 cm左右，滑坡有明显下滑趋势（迹象），要求市、县国土局尽快派人调查处理。"

9：15，县国土局领导：

①向县人民政府汇报。

②向市国土资源局报告。

③市、县国土局派出应急小分队立即赶赴现场开展调查，进行险情评估及应急处理，设立全站仪监测点。

9：25，县国土局领导接应急小分队报告："××小禾村滑坡活动性增强，后缘裂缝程度达到 300 米，宽度已增大到 0.4 米，且裂缝之间出现多处落水洞，直径最大达 0.8 米，裂缝两侧发生明显垂直位移，前缘局部已渗出浑水，据测定裂缝以 3 厘米/小时左右速度发展，滑坡处于临滑状态。建议尽快报告县政府，启动市县突发地质灾害应急预案。"

9：30，县国土局领导向县人民政府报告情况，建议启动县突发地质灾害应急预案。

县人民政府向市政府汇报，经市长同意，"启动市突发地质灾害应急预案"，成立"县地质灾害应急抢险指挥部"，通知"县地质灾害防灾应急指挥部"的各成员单位立即赶赴××小禾村村委会集中待命。

10：00，指挥部设在××小禾村村委会，坡底村村委会为集合地点，各组长向指挥部报到，原地待命。

10：10，县国土局副局长向指挥部介绍该滑坡地质灾害有关情况。

县气象局副局长报告天气情况。

县国土局汇报灾情态势，发展趋势，提出防患对策及建议。

10：20，指挥部：下达命令。

命令：交通治安管理组，在坡底村南北村口封锁进入危险区××镇—坡底村的县乡公路、坡底村南进入滑坡危险区的村道；同时设置警戒，除抢险救灾人员外，其他人员不得进入该危险区域，对灾区实施治安巡逻，保证灾区安全。

应急抢险组：使用音响设备放警报信息或鸣锣紧急通知危险区域的人民群众按原定路线有序安全转移，应急抢险组要组织 30 人的民兵预备役人员火速赶往灾区，按照原定的编制序列目标任务快速赶到灾区实施抢救，迅速组织灾区人员和物资快速有序安全撤离到各安置点。

灾情调查监测组：继续跟踪监测灾情，有情况及时报告。

医疗卫生组：组织医疗卫生紧急抢救队伍进入灾区，进行伤病员的抢救及转移工作。

后勤物资保障组：负责转移到各临时安置点的灾民安置工作，认真做好各安置点灾民的宣传思想工作，解决好灾民的吃、穿、住等问题，确保救灾抢险指挥的通信与联络的畅通。

10：30，撤离开始。

11：00，撤离完毕。

11：00，应急抢险组报告：全线撤离完毕，已设好警界、切断电源水源。

交通治安管理组报告：通往危险区的公路、道路已封锁，警戒工作有条不紊地进行。

后勤物资保障组报告：撤离群众基本安置妥当。

医疗卫生组报告：撤离过程中只有 3 人因摔跤受轻伤，已得到紧急处理，临时医疗点已建立，工作正常开展。

灾情调查监测组报告：据监测组监测，滑坡变化已趋稳定，降雨也已停止多时，建议召开指挥部会议，研究解除封锁警戒事宜。

11：10，指挥部召开会议，下达命令：解除公路、道路封锁、警戒。由灾情调查监测组继续监测，有情况及时报告；灾后重建组负责对危房进行鉴定，提出灾民回迁和重建方案，报政府批准实施。

11：15，省厅、市县领导及指挥部领导到各灾民转移临时安置点看望灾民撤离安置情况。

11：40，演练工作讲评会：总指挥作演练讲评；市领导讲话，市国土资源局领导讲话。

12：00，宣布演练结束。

# 第五章

# 旅游景区应急响应

## 第一节　旅游景区事故分级

### 一、国家旅游景区事故分级方法

在已颁布施行的《旅游突发公共事件应急预案》中，按照突发事件严重性和紧急程度，突发公共事件按旅游者伤亡程度分为重大（Ⅰ级）、较大（Ⅱ级）、一般（Ⅲ级）三级。

（1）重大（Ⅰ级）指一次突发事件造成旅游者 10 人以上重伤或 5 人以上死亡的，或一次造成 50 人以上严重食物中毒或造成 5 人以上中毒死亡的。

（2）较大（Ⅱ级）指一次突发事件造成旅游者 5～9 人重伤或 1～4 人死亡，或一次造成 20～49 人严重食物中毒且有 1～4 人死亡的。

（3）一般（Ⅲ级）指一次突发事件造成旅游者 1～4 人重伤，或一次造成 1～19 人严重食物中毒的。

### 二、其他旅游景区事故分级方法

对旅游景区事件的分级还可以参考国家其他法律法规。

**1.《中国公民出境旅游突发事件应急预案》**

中国公民出境旅游突发事件分为特别重大（Ⅰ级）、重大（Ⅱ级）、较大（Ⅲ级）和一般（Ⅳ）四级响应。

2.《旅游安全事故的处理》

按照有关规定，旅游安全事故分为轻微、一般、重大和特大事故四个等级。

（1）轻微事故　是指一次事故造成旅游者轻伤或经济损失在 1 万元以下者。

（2）一般事故　是指一次事故造成旅游者重伤或经济损失在 1 万～10 万元（含 1 万元）者。

（3）重大事故　是指一次事故造成旅游者残废或旅游者重伤致残，或经济损失在 10 万～100 万元（含 10 万元）者。《重大旅游安全事故处理程序试行办法》补充规定："涉外旅游住宿、交通、游览、餐饮、娱乐、购物场所火灾及其他恶性事故""造成海外旅游者人身重伤、死亡的事故"也属重大事故。

（4）特大事故　是指一次事故造成旅游者死亡多名，或经济损失在 100 万元以上，或性质特别严重、产生重大影响者。

3.《旅游安全管理暂行办法实施细则》

旅游安全事故分为轻微、一般、重大和特大事故四个等级。

（1）轻微事故是指一次事故造成旅游者轻伤，或经济损失在 1 万元以下者。

（2）一般事故是指一次事故造成旅游者重伤，或经济损失在 1 万～10 万元（含 1 万元）者。

（3）重大事故是指一次事故造成旅游者死亡或旅游者重伤致残，或经济损失在 10 万～100 万元（含 10 万元）者。

（4）特大事故是指一次事故造成旅游者死亡多名，或经济损失在 100 万元以上，或性质特别严重，产生重大影响者。

4.《我国突发公共事件总体应急预案》

根据突发公共事件的发生过程、性质和机理，突发公共事件主要分为以下四类：

（1）自然灾害

主要包括水旱灾害、气象灾害、地震灾害、地质灾害、海洋灾害、生物灾害和森林草原火灾等。

（2）事故灾难

主要包括工矿商贸等企业的各类安全事故、交通运输事故、公共设施和设备事故、环境污染和生态破坏事件等。

（3）公共卫生事件

主要包括传染病疫情、群体性不明原因疾病、食品安全和职业危害、动物疫情，以及其他严重影响公众健康和生命安全的事件。

（4）社会安全事件

主要包括恐怖袭击事件、经济安全事件和涉外突发事件等。

各类突发公共事件按照其性质、严重程度、可控性和影响范围等因素，一般分为：Ⅰ级（特别重大）、Ⅱ级（重大）、Ⅲ级（较大）和Ⅳ级（一般）四级。

**5.《我国安全生产事故灾难应急预案》**

本预案适用于下列安全生产事故灾难的应对工作。

（1）造成30人以上死亡（含失踪），或危及30人以上生命安全，或者100人以上中毒（重伤），或者需要紧急转移安置10万人以上，或者直接经济损失1亿元以上的特别重大安全生产事故灾难。

（2）超出省（区、市）人民政府应急处置能力，或者跨省级行政区、跨多个领域（行业和部门）的安全生产事故灾难。

（3）需要国务院安全生产委员会（以下简称国务院安委会）处置的安全生产事故灾难。

# 第二节 旅游景区应急响应工作

## 一、工作程序概述

旅游景区事故的应急响应工作是一个复杂的系统工程，每一个环节可能需要牵涉到方方面面的政府部门和救援力量。依据属地管理、分级负责的原则，事发地县级以上地方人民政府及其相关部门在事故应急工作中起主导作用。各相关部门按照职责分工承担的应急功能不同。

各级旅游部门主要工作为：

（1）参与旅游景区事故的应急指挥、协调、调度。

（2）负责旅游景区事故接报、报告、应急、调查取证等工作。

（3）根据现场调查情况及专家组意见对事态评估、信息发布、级别判断、事故趋势分析、事故控制、现场应急处置、人员防护、疏散、抢险救援、应急终止等工作提出建议。

应急响应的主要环节和工作程序为：接报、判断、报告、预警、启动应急预案、成立应急指挥部、成立现场指挥部、开展应急处置、应急终止。

## 二、旅游景区事故应急响应工作原则

### 1. 以人为本，减少危害

切实履行政府的社会管理和公共服务职能，把保障公众健康和生命财产安全作为首要任务，最大限度地保障公众健康，保护人民群众生命财产安全。

2. **依法应急，规范处置**

依据有关法律和行政法规，加强应急管理，维护公众合法权益，使应对旅游景区事故工作规范化、制度化、法制化。

3. **统一领导，协调一致**

在各级党委、政府的统一领导下，充分发挥环保专业优势，切实履行旅游主管部门工作职责。形成统一指挥、各负其责、协调有序、反应灵敏、运转高效的应急指挥机制。

4. **属地为主，分级响应**

坚持属地管理原则，充分发挥基层党委、政府的主导作用，动员乡镇、社区、企事业单位和社会团体的力量，形成上下一致、主从清晰、指导有力、配合密切的应急处置机制。

5. **依靠专家，科学处置**

采用先进的预测、应急处置技术及设施，充分发挥专家队伍和专业人员的作用，提高应对旅游景区事故的科技水平和指挥能力，避免发生次生、衍生事件，最大限度地消除或减轻事件造成的中长期影响。

## 三、报告

1. **信息来源**

报告责任单位：旅游景区事故发生单位及其主管部门，旅游行政主管部门，卫生安全监管部门，县级以上地方人民政府及其相关部门，以及其他企事业单位、社会团体。

公民有义务向政府及其相关部门反映旅游景区事故。

2. **接报**

(1) 接报责任单位

各级人民政府、旅游主管部门及其他政府职能部门。

(2) 接报责任人工作规程

接到事件信息后，接报人立即对事件信息进行核实；核实后将有关书面报告材料或电话记录内容及时复印主送分管领导（分管领导出国或联系不上时，送值班领导，下同)，分送其他相关领导、应急部门负责人和相关部门。特别重大事件同时主送主要领导。

夜间及节假日期间，接报人可通过电话报告。有关书面信息在上班后补送。

(3) 接报与报告

①突发自然灾害和事故灾难事件的接报与报告。

a. 当自然灾害和事故灾难影响到旅游团队的人身安全时，随团导游人员在与当地有关部门取得联系争取救援的同时，应立即向当地旅游行政管理部门报告情况。

b. 当地旅游行政管理部门在接到旅游团队、旅游区（点）等发生突发自然灾害和事故灾难报告后，应积极协助有关部门为旅游团队提供紧急救援，并立即将情况报告上一级旅游行政管理部门。同时，及时向组团旅行社所在地旅游行政管理部门通报情况，配合处理有关事宜。

c. 国家旅游局在接到相关报告后，应协调相关地区和部门做好应急救援工作。

②突发公共卫生事件的接报与报告。

a. 突发重大传染病疫情接报与报告。旅游团队在行程中发现疑似重大传染病疫情时，随团导游人员应立即向当地卫生防疫部门报告，服从卫生防疫部门做出的安排。同时向当地旅游行政管理部门报告，并提供团队的详细情况。

旅游团队所在地旅游行政管理部门接到疫情报告后，要积极主动地配合当地卫生防疫部门做好旅游团队住宿的旅游饭店的消毒防疫工作，以及游客的安抚、宣传工作。如果卫生防疫部门做出就地隔离观察的决定后，旅游团队所在地旅游行政管理部门要积极安排好旅游者的食宿等后勤保障工作，同时向上一级旅游行政管理部门报告情况，并及时将有关情况通报组团社所在地旅游行政管理部门。

经卫生防疫部门正式确诊为传染病病例后，旅游团队所在地旅游行政管理部门向团队需经过地区旅游行政管理部门通报有关情况，以便及时采取相应防疫措施。

发生疫情所在地旅游行政管理部门接到疫情确诊报告后，要立即向上一级旅游行政管理部门报告。省级旅游行政管理部门接到报告后，应按照团队的行程路线，在本省范围内督促该团队所经过地区的旅游行政管理部门做好相关的消毒防疫工作。同时，应及时上报国家旅游局。国家旅游局应协调相关地区和部门做好应急救援工作。

b. 重大食物中毒事件的接报与报告。旅游团队在行程中发生重大食物中毒事件时，随团导游人员应立即与卫生医疗部门取得联系争取救助，同时向所在地旅游行政管理部门报告。

事发地旅游行政管理部门接到报告后，应立即协助卫生、检验检疫等部门认真检查团队用餐场所，找出毒源，采取相应措施。

事发地旅游行政管理部门在向上级旅游行政管理部门报告的同时，应向组团旅行社所在地旅游行政管理部门通报有关情况，并积极协助处理有关事宜。国家旅游局在接到相关报告后，应及时协调相关地区和部门做好应急救援工作。

③突发社会安全事件的接报与报告。

a. 当发生港澳台和外国旅游者伤亡事件时，除积极救援外，要注意核查伤亡人员的团队名称、国籍、性别、护照号码以及在国内外的保险情况，由省级旅游行政管理部门或通过有关渠道，及时通知港澳台地区的急救组织、相关或有关国家的急救组织，请求配合处理有关救援事项。

b. 在大型旅游节庆活动中发生突发事件时，由活动主办部门按照活动应急预案，统一指挥协调有关部门维持现场秩序，疏导人群，提供救援，当地旅游行政管理部门要积极配合，做好有关工作，并按有关规定及时上报事件有关情况。

④国（境）外发生突发事件的接报与报告。

在组织中国公民出国（境）旅游中发生突发事件时，旅行社领队要及时向所属旅行社报告，同时报告我国驻所在国或地区使（领）馆或有关机构，并通过所在国家或地区的接待社或旅游机构等相关组织进行救援，要接受我国驻所在国或地区使（领）馆或有关机构的领导和帮助，力争将损失降到最低限度。

## 四、应急响应

### 1. 分级响应

按照旅游景区事故严重性、紧急程度和可能波及的范围，旅游景区事故的预警分为三级，即重大、较大、一般事件。

（1）当发生重大（Ⅰ级）突发事件时，国家旅游局启动应急预案，事发所在地省级旅游行政管理部门启动相应应急预案，在省级人民政府领导下，进行具体响应。

（2）发生较大（Ⅱ级）及以下突发事件由省级旅游行政管理部门决定启动相应的旅游应急预案，在省级人民政府（或相应的地方政府）领导下，参与和协调相关部门和单位及时采取应急处置措施。

### 2. 启动应急预案

旅游景区应急工作坚持属地为主的原则。地方各级人民政府按照有关规定负责本辖区内旅游景区的应急工作，上级旅游主管部门及有关部门根据情况给予协调指导。

（1）要根据旅游景区事件发生的特点，合理确定应急防范的范围。应急防范的范围并不是越大越好，范围大当然会起到更好的保护作用，但也会造成巨额成本损失。

（2）要根据旅游景区事件大小，合理确定应急队伍及装备、设施。应急处置并不是越多越好，相反，只要人员精干，组织得当，方法正确，往往会获得事半功倍的效果。

（3）要根据旅游景区事件的紧急程度，合理确定处理危机事件所需要的响应时间及处理时间，要求相应的应急管理在规定的时间内完成。

### 3. 成立应急指挥部

（1）地方旅游景区事故应急指挥部

地方旅游景区事故应急指挥部是旅游景区事故的领导机构。指挥部一般由县级以上人民政府主要领导担任总指挥，成员由各相关地方人民政府、政府有关部门、企业负责人及专家组成，主要负责旅游景区事故应急工作的组织、协调、指挥和调度。

（2）国家旅游景区应急指挥部

应对重大旅游景区事故，成立以局长为组长，分管局领导和值班总局领导为副组长，办公厅主任、宣教办主任、科技司司长等为成员的应急指挥部（可能发生涉外事务的，国际司司长参加）。应急指挥部下设指导联络组、文件资料组、新闻报道组和现场处置组。应急指挥部负责组织指挥各成员单位开展旅游景区的应急处置工作；设置应急处置现场指挥部；组织有关专家对旅游景区应急处置工作提供技术和决策支持；负责确定向公众发布事件信息的时间和内容；事件终止认定及宣布事件影响解除。

### 4. 信息处理

（1）事故发生后，现场陪同人员应立即上报主管部门，主管部门应当及时报告归口管理部门。即由现场有关人员立即向本单位和当地旅游行政管理部门报告。如某导游人员带团在 A 地某景区游览中，不幸发生了安全事故，应立即向其所属旅行社报告，同时，该导游人员或景区其他工作人员应立即将事故情况上报 A 地旅游行政管理部门。

（2）当地旅游行政管理部门在接到一般、重大、特大安全事故报告后，要尽快向当地人民政府报告。

（3）对于重大、特大安全事故，地方旅游行政管理部门要同时向国家旅游行政管理部门报告。

（4）事故处理结束后，要立即做出事故调查报告，并呈报有关部门。调查报告内容包括：事故经过及处理、事故原因及责任、事故教训、今后防范措施。

对于重大旅游安全事故的报告制度，报告单位在接到旅游景区、饭店、交通途中或其他场合发生旅游重大安全事故的报告后，除向当地有关部门报告外，应及时以电传、电话或其他有效方式直接向“中国旅游紧急救援协调机构”报告事故发生及处理进展情况。“中国旅游紧急救援协调机构”在接到报告单位的报告后，应及时向有关方面通报情况，并对所请示问题做出答复。

**5. 信息通报与发布**

（1）信息通报

①突发自然灾害和事故灾难事件。当自然灾害和事故灾难影响到旅游团队的人身安全时，随团导游人员应立即向当地旅游行政管理部门报告情况。

②突发公共卫生事件。

突发重大传染病疫情：旅游团队在行程中发现疑似重大传染病疫情时，向当地旅游行政管理部门报告，事发地旅游行政管理部门向上一级旅游行政管理部门报告情况，并及时将有关情况通报组团社所在地旅游行政管理部门。

重大食物中毒事件：旅游团队在行程中发生重大食物中毒事件时，向所在地旅游行政管理部门报告，事发地旅游行政管理部门在向上级旅游行政管理部门报告的同时，应向组团旅行社所在地旅游行政管理部门通报有关情况。国家旅游局在接到相关报告后，应及时协调相关地区和部门做好应急救援工作。

③突发社会安全事件。当发生港澳台和外国旅游者伤亡事件时，及时通知港澳台地区的急救组织、相关或有关国家的急救组织。

（2）信息发布

旅游景区事故应急指挥部负责旅游景区信息的对外统一发布工作。信息发布要及时、准确，正确引导社会舆论。对于较为复杂的事故，可分阶段发布。必要时，由宣传部门负责协调旅游景区事故信息的对外统一发布工作。

## 五、应急处置

各相关应急力量在现场应急指挥部的统一领导下开展应急处置工作。

**1. 现场处置**

根据现场处置预案，组织人员进行现场处置。

**2. 应急指导**

(1) 专家组工作指导

各级旅游主管部门根据旅游景区事故应急工作需要建立由不同行业、不同部门组成的专家库。

应急指挥部根据现场应急工作需要组成专家组，参与旅游景区应急工作，指导旅游景区应急处置，为应急处置提供决策依据。

发生旅游景区事故后，专家组要迅速对事件信息进行分析、评估，提出应急处置方案和建议；根据事件进展情况和形势动态，提出相应的对策和意见；对旅游景区的危害范围、发展趋势做出科学预测；参与污染程度、危害范围、事件等级的判定，对污染区域的隔离与解禁、人员撤离与返回等重大防护措施的决策提供技术依据；指导各应急分队进行应急处理与处置；指导旅游景区应急工作的评价，进行事件的中长期影响评估。

(2) 现场应急工作指导

上级旅游主管部门根据现场应急需要通过电话、文件或派出人员等方式对现场应急工作进行指导。

## 六、扩大应急

**1. 扩大应急**

事态难以控制或有扩大、发展趋势时，明确有关应急机构的行动程序与要求。

(1) 预计将要发生或已经发生重大旅游景区突发事件时，由省市应急委员会办公室报请委员会主要领导批准，决定启动相应的应急预案。依据事件等级，省市委书记、省市长或分管省市领导坐镇市应急指挥中心，统一领导旅游景区突发事件的处置工作。

(2) 如果旅游景区突发事件的事态进一步扩大，预计凭省市现有应急资源和人力难以实施有效处置，这时应以省市旅游景区突发事件应急委员会的名义，协同各当地部门参与处置工作。

(3) 当旅游景区突发事件已经波及大部分地区，造成的危害程度已十分严重，超出省市自身控制能力，需要国家或其他省市提供援助和支持，这时省市旅游景区突发事件应急委员会应将情况立即上报党中央、国务院，请求成立首都突发事件应急委员会，由党中央、国务院直接指挥或授权指挥，统一协调、调动各方面应急资源共同参与事件的处置工作。

**2. 社会动员**

(1) 旅游景区突发事件社会动员是指应对旅游景区突发事件时，各级人民政府、社会团体、企事业单位在政治、经济、科技、教育等方面统一组织的动员准备、实施和恢复活动。

(2) 依据旅游景区突发事件的危险程度、波及范围、人员伤亡等情况，确定社会动员的等级。在启动应急处置预案时，发布社会动员令，向社会公众发布事件信息，实施现场动员，提供有关保障，组织人员疏散、隐蔽和隔离等。

(3) 省市范围内的社会动员，由政府报请国务院批准。省市应急委员会办公室负责全省市社会动员工作，会同宣传部门搞好宣传教育，制定社会动员方案，协调各相关委办局开展工作。区县范围内的社会动员，由各区县政府报请市政府批准，报国务院备案。局部小范围内的社会动员，由各区县决定并组织实施，报市政府备案。

## 七、应急终止

### 1. 应急终止的条件

符合下列条件之一的，即满足应急终止条件。

（1）事件现场得到控制，事件条件已经消除。

（2）事件所造成的危害已经被彻底消除。

（3）事件现场的各种专业应急处置行动已无继续的必要。

（4）采取了必要的防护措施以保护公众免受再次危害，并使事件可能引起的中长期影响趋于合理且尽量低的水平。

### 2. 应急终止的程序

（1）现场救援指挥部确认终止时机，或由事件责任单位提出，经现场救援指挥部批准。

（2）现场救援指挥部向所属各专业应急救援队伍下达应急终止命令。

（3）应急状态终止后，相关类别旅游景区事件专业应急指挥部应根据国务院有关指示和实际情况，继续进行旅游景区评价工作，直至其他补救措施无须继续进行。

### 3. 应急终止后的行动

（1）旅游景区应急指挥部指导有关部门及旅游景区单位查找事件原因，防止类似问题的重复出现。

（2）有关类别旅游景区事件专业主管部门负责编制重大旅游景区事件总结报告，于应急终止后上报。

（3）应急过程评价。重大旅游景区事件的应急过程评价由环保部门组织有关专家，会同事发地省级人民政府组织实施。其他旅游景区事件由当地政府负责组织实施。

（4）根据实践经验，有关类别旅游景区事件专业主管部门负责组织对应急预案进行评估，并及时修订旅游景区应急预案。

（5）参加应急行动的部门负责组织、指导旅游景区应急队伍维护、保养应急仪器设备，使之始终保持良好的技术状态。

# 第六章 旅游景区事故应急处置

旅游景区事故发生后，各相关部门需要积极响应来对突发事件进行应急处理。公安、消防、环保、安全、卫生、交管等相关部门接报后应在第一时间赶赴现场，在识别和评价事故种类和危险源基础上，制定应急处理方案（或实施应急预案），组织抢险设备等，进行应急救援和抢险处理。

## 第一节 突发自然灾害应急处置

旅游景区自然灾害是指在旅游过程中突发性的，给游客或旅游设施带来严重危害的天然灾害事故。面对突发自然灾害，仍然必须坚持预防为主的原则，防患于未然。可能给游客造成损害的自然灾害类型很多，本章仅举几例加以说明。

### 一、景区水灾应对

#### 1. 防汛

水灾多发季节不仅会对游客身心造成损害，还会对旅游业造成严重影响。

雨季积水过多，影响旅游交通，并可引发崩塌，破坏基础设施及旅游设施，给旅游业的运作带来困难。

洪水可能会破坏原来良好的地貌、植被和通畅的水管，给景区景观造成影响。若造成大面积水土流失，将破坏生态平衡，给景区带来难以估量的损失。洪涝灾害对旅游景区的危害是无法避免的，但可以将其损害程度降到最低限度，治理对策如下：

（1）雨季到来之前，对道路、危险建筑予以仔细检修，适时采取防范措施。如采取加固措施等。

（2）对受暴雨影响严重的旅游区及时封闭。

（3）充分利用水利设施进行水量调节。

（4）旅游区建设之前，建筑物、道路等设施要考虑防洪、抗冲能力，预留泄洪道，疏通淤积通道。

（5）旅游业防汛要贯彻“全面规划，综合治理，防治结合，以防为主”的方针，各旅游景点应因地制宜确定防汛标准，并与流域规划相协调，工程措施和生物措施相结合。

## 示例

临沂市滨河景区防汛抗旱工作管理办法（摘选）

第二章　防汛抗旱领导机构设置

第六条　滨河景区设防汛抗旱领导小组，由滨河景区管理处主要负责同志任组长，分管负责同志任副组长，机关各科室、处属各单位及各派驻机构主要负责同志任成员。防汛抗旱领导小组上级主管部门为市人民政府和市人民政府防汛抗旱指挥部。处属各单位根据各自管理范围内的实际情况，分别成立防汛抗旱领导机构，直接负责管辖范围内的防汛抗旱工作并向滨河景区防汛抗旱领导小组负责。

第三章　防汛物资和防汛队伍

第七条　严格按照防汛抢险物料储备标准做好防汛物料的年度计划，报市防汛抗旱指挥部批准，按时足额备足防汛物料。

第八条　编报所辖防洪工程的岁修、维修养护及其他专项经费等项目的年度建议计划，并按照上级有关部门的批复实施。

第九条 负责做好防汛料物的储备、管理工作，做到防火、防盗、防鼠、防霉变。

第十条 负责做好车辆的维修、保养工作，保证防汛交通畅通。

第十一条 由机关各科室及处属各单位的有关人员组成防汛常备队，负责汛期工程日常检查、监测、维护任务。由处机关和处属各单位人员组成防汛抢险大队，应对突发险情的工程抢护任务。

第十二条 由滨河景区两岸相关乡镇、办事处及有关单位组织人员组成防汛抢险预备队，并登记造册，报滨河景区防汛抗旱领导小组备案。防汛抢险预备队用于滨河景区防洪工程抢险。

第四章 防汛值班及情况调度

第十三条 各值班人员要认真做好值班和交接班记录，不得擅离职守，确保昼夜24小时不空岗，做到各司其职、各负其责。

第十五条 值班人员要密切注视雨情、水情、工情、灾情的变化，及时准确地汇报有关汛情信息。处属各单位每天早8：00之前应将汛情报处防汛值班室。

第五章 工程运行管理

第二十条 在滨河景区防洪工程设施保护范围内，严禁进行爆破、打井、采石、取土等危害防洪工程设施安全的活动。

第二十一条 任何单位和个人不得破坏、侵占、毁损堤防、水闸、拦河坝、桥梁、护岸、泵站等防洪工程，水文、通信设施及防汛备用的器材、物料等。

第二十二条 禁止围垦河道。

第二十三条 汛期定期、不定期对堤防、拦河闸坝、桥梁、涵洞等防洪工程设施进行巡视检查和维护管理，如遇暴雨、洪水、地震等特殊情况时，应加强监督检查，发现问题及时上报处理。汛后及时组织修复水毁工程，做好防洪工程的检查、养护、维修记录。

第二十四条　做好输变电线路，电气设备，照明，通信等设施的日常检查维护。

第二十五条　定期进行工程观测和资料整编，掌握工程运行状况。如遇暴雨、洪水、地震时，适当增加观测密度，及时进行观测数据的分析整理，为科学管理工程提供第一手翔实可靠资料。

第二十六条　熟练掌握各项防洪工程的操作规程，规范操作程序。

第六章　工作配合与协调

第二十七条　处属各单位作为滨河景区防汛抗旱工作的直接责任主体，应根据职责范围加强工程的运行管理和巡视检查，发现问题及时上报，及时处理。

处属各单位要严格执行上级有关指示精神和经批准的洪水调度方案及防汛抢险应急预案，泄洪放水时，应及时通知临沂水文局，同时报市防办。当小埠东橡胶坝下泄流量超过 200 $m^3/s$ 时，小埠东橡胶坝管理单位应在第一时间内通知郯城县防指、罗庄区防指、刘家道口枢纽工程建设管理局。桃园橡胶坝管理所应与小埠东橡胶坝管理所共同做好洪水的联合调度，科学调度洪水。

第二十八条　工程科应及时收集整理处属各单位上报的有关雨水情信息和工程运行管理情况，及时形成汇报材料报处领导和上级有关部门，保证滨河景区防汛信息的上呈下达。

### 2. 防洪

洪水时的应对方法：

(1) 在平原遇洪水，要向山岗、楼房等高层建筑处转移。如洪水来势很猛，就近无高地及楼房可避，也应就近抓住有浮力的物品如木盆、木椅、木板等；有船则更好。必要时爬上高树也可暂避。

如若水继续上涨，估计所待之处已不安全，要迅速找一些木板桌椅等有浮力的物品扎成筏，准备逃生，无绳子可用布条，但要扎紧，到房已没顶时上筏。

（2）不要爬到泥坯墙的屋顶，这些房屋水浸后很快会塌。平原洪水一般能较快地得到救助，只要度过紧急时刻就易获救。

（3）户外旅游活动中山洪暴发，危险性大。要注意以下几点：

①旅游前要了解目的地及经过路段是否经常有山洪或泥石流暴发，要避开这些地区。山洪和泥石流的发生通常有一定季节特征，在多发季节内不到这些地区旅游。

②在不熟悉的山区旅行，要有向导，避开一些地质不稳定地区。

③要注意天气预报，凡有暴雨或山洪暴发之可能，就不能贸然成行。

④如在山涧行走遇到洪水暴浇可向高处找路返回。

⑤山洪暴发，常有行洪道，要向其两侧避开。

⑥在山间如因洪水将桥梁冲垮，无法渡河，而又必须向对岸目的地进发时，可沿山涧行走找河岸较直、水流不急的河段试行过河，一般说河面宽、水浅处其流速自然慢，是过河的好地方。会游泳者可游泳过河，一般斜着向上游方向游，避免被水流冲向下游。当估计无力游到岸可试行涉水过河。一般先由会游泳者腰上系一安全绳，另一端扎在岸边大树或岩石上，并由旅伴抓住，下水探河水深度，河床是否结实。试探可以涉水时，游到对岸，将绳扎牢在树上等处，其他人再行涉水，抓住绳子，比较安全。

⑦过河时如有绳子可一手拉绳，无绳时可用一竹棍、木棒，手持住，它可以探水深及河床情况，并有利于支持保持平衡。迈步时要前一足踏稳，后一足才提起，步幅不宜过大。有数人时，可两三人相互挽在一起过河。

⑧如因山洪暴发，河水猛涨已无法前进或返回，困在山中，要选一高处平地或高处的山洞，离行洪道远的地方休息求救。将能带

的食物、火种及必须用品带上并保管好，做好待救需1～2日之准备，节约粮食和熟食品，注意饮水清洁。

⑨在水中行走，水流不急、水深在膝盖以下时，尚能保持平稳，能做各种动作；如果水已齐腰就不能涉水，常有倾倒之可能，必须有可扶的绳索或固定物体。

## 二、景区地震灾害应对

地震灾害最有可能造成惨重的人员伤亡和巨大的财产损失，引发的次生灾害也比其他灾害严重，甚至危害旅游业的发展。

地震虽然具有不可抗拒性，但人们依然可以通过一些措施来减少损害。治理对策如下：

（1）公共建筑和娱乐场所应设置宽敞的安全出口，人员疏散标志要明显。

（2）合理控制旅游设施建筑密度和人口密度。

（3）分级处理建筑物的抗震设计，做到“大震不倒，中震可修，小震不坏”，将地震灾害造成的危害减少到最低限度。

（4）旅游景区开发时，要进行系统的工程地质、水源、地震影响调查，选择适宜的地点建立旅游相关设施。

（5）旅游景区安全部门随时进行地震演练，在地震发生时，设立紧急指挥中心和紧急救援中心，配备通信设备。

## 三、景区泥石流灾害应对

泥石流多发生于山区。我国的大多数山区时有发生，尤其是在我国西南山区尤为严重，每年雨季都有泥石流、滑坡等自然灾害发生。泥石流的主要发生原因是暴雨集中、山高、坡陡和植被稀疏等。泥石流发生频率高，破坏性大，对旅游业干扰很强。

### 1. 发生时间的规律性

（1）季节性

我国泥石流的暴发主要是受连续降雨、暴雨，尤其是特大暴雨等集中降雨的激发。因此，泥石流发生的时间规律是与集中降雨时间规律相一致的，具有明显的季节性。一般发生于多雨的夏秋季节。

（2）周期性

泥石流的发生受雨洪、地震的影响，而雨洪、地震总是周期性地出现，因此，泥石流的发生和发展也具有一定的周期性，且其活动周期与雨洪、地震的活动周期大体一致。当雨洪、地震两者的活动周期相叠加时，常常形成一个泥石流活动周期的高潮。

泥石流的发生，一般是在一次降雨的高峰期，或是在连续降雨稍后。

**2. 主要防灾措施**

（1）做好山区水土保持和小流域治理。

（2）保证旅游交通道路沿线的植被覆盖率。

（3）修筑胡林坝、塘坝、排洪渠。

（4）加强泥石流、滑坡的预警预报，培训灾害救援人员。

（5）做好突发公共卫生事件的应急救援处置程序。

**3. 户外旅游泥石流应对**

泥石流的发生常有一定的地域性，山洪暴发、地表植被破坏及地震均可引发。其经过之处，万物都被破坏，人被卷入其中，几乎无生还之可能。

（1）石头等已明显可见，在山区、半山区旅行如听到异常响声，看到有石头、泥块频频飞落，向某一方向冲来，表示附近可能有泥石流袭来；如果响声越来越大，提示泥石流就要流到，要立即弃丢重物尽快逃生。与避雪崩一样，要向泥石流卷来的两侧（横向）跑，如泥石流由北向南或由南向北，要向东、西方向跑。

（2）泥石流的面积一般不会很大，如有警惕在逃避时相对主动。可根据现场地形，向未发生的高处逃避。

（3）在山区扎营时，不要选在谷底泄洪的通道，以及河道弯曲、会合处等。我国在建设成昆线时曾有数百人施工队在夜间被泥石流卷走的惨痛教训。

(4) 尽可能不到泥石流经常发生的地区旅游。

(5) 旅行必须经过可能发生泥石流的地段时，要听当地的有关预报，如滇藏、川藏公路某些地段易发生泥石流，设有监测点。进入这些地区要听从指挥。

## 第二节　食物中毒事件应急处置

### 一、食物中毒应急救援程序

(1) 旅游团队在行程中发生重大食物中毒事件时，随团导游人员应立即与卫生医疗部门取得联系争取救助，同时向所在地旅游行政管理部门报告。

(2) 事发地旅游行政管理部门接到报告后，应立即协助卫生、检验检疫等部门认真检查团队用餐场所，找出毒源，采取相应措施。

(3) 事发地旅游行政管理部门在向上级旅游行政管理部门报告的同时，应向组团旅行社所在地旅游行政管理部门通报有关情况，并积极协助处理有关事宜。国家旅游局在接到相关报告后，应及时协调相关地区和部门做好应急救援工作。

### 二、食物中毒急救措施

吃了带有病菌的食物，且病菌已经产生了很多毒素，或者细菌在肠道内生长繁殖，产出大量毒素，这些毒素被吸收后，就会发生细菌性食物中毒（以下简称为食物中毒）。食物中毒所出现的症状，也因病菌种类不同而症状各异。

有呕吐、发烧、腹痛和腹泻，与急性胃肠炎的症状相像，故称为“急性胃肠炎型食物中毒”。

以呕吐、腹内剧痛、高烧和严重脱水为主，严重时有虚脱、皮肤发紫、抽风和昏迷现象者，称为“类霍乱型食物中毒”。

还有一类由葡萄球菌毒素引起的食物中毒，表现为恶心呕吐(这种症状很突出)、脱水、肌肉抽筋，严重的可以引起虚脱，不发烧或者只有低烧，或者腹痛、头痛，等等。常见食物中毒主要症状见表6—1。

**表6—1　　　　常见食物中毒主要症状**

| 症状 | | 毒物 |
|---|---|---|
| 特殊面容 | 颜面樱红 | 氰化物、一氧化碳 |
| | 颜面潮红 | 阿托品、河豚 |
| | 颜面口唇青紫 | 亚硝酸盐、苯胺、硝基苯 |
| 特殊气味 | 杏仁味 | 氰化物、硝基苯 |
| | 消毒水味 | 酚、来苏尔 |
| | 酸臭味 | 有机磷、磷化锌 |
| | 霉臭味 | 六六六 |
| 血液变化 | 血色正常不凝 | 低鼠钠盐 |
| | 血色鲜红 | 氰化物、一氧化碳 |
| | 血色酱色不凝 | 亚硝酸盐、苯胺、硝基苯 |
| 消化、泌尿系统 | 流涎 | 有机磷、有机氟、砷、汞 |
| | 口鼻冒白沫 | 有机磷 |
| | 口鼻冒灰色或血色沫 | 安妥 |
| | 剧烈腹痛 | 酚、砷、汞、磷化锌、斑蝥、河豚 |
| | 口渴 | 磷化锌、砷 |
| | 剧烈呕吐与腹泻 | 砷、汞、巴豆、桐油、蓖麻 |
| | 血尿、尿闭 | 汞、斑蝥、蓖麻、灭鼠灵 |

续表

| | 症状 | 毒物 |
|---|---|---|
| 神经系统 | 闪击样昏倒迅速死亡 | 氰化物、烟碱 |
| | 昏睡 | 吗啡、一氧化碳 |
| | 痉挛 | 氰化物、有机碳、氟乙酰胺、毒鼠强 |
| | 强直性痉挛 | 士的宁 |
| | 震颤 | 有机磷、有机氯、鱼藤 |
| | 幻觉 | 颠茄、曼陀罗、大麻、芥草 |
| | 狂躁不安 | 氟乙酰胺、曼陀罗、颠茄 |
| | 口唇四肢发麻 | 河豚、蟾酥、大麻 |
| | 视觉障碍、复视、失明 | 甲醇 |
| | 瞳孔缩小 | 有机磷、吗啡、氯丙嗪、磷化锌 |
| | 瞳孔散大 | 颠茄类、大麻、奎宁 |
| 呼吸循环及其他 | 呼吸浅慢、血压下降 | 安眠镇静药、吗啡 |
| | 肺水肿 | 有机磷 |
| | 心跳加剧、心律失常、出汗 | 氟乙酰胺、氨茶碱 |
| | 大量出汗 | 有机磷 |
| | 体温升高 | 有机磷、有机氯、阿托品 |
| | 皮肤发红、起泡 | 斑蝥、巴豆、强酸 |

如发现食物中毒可做下述应急处理：

(1) 病人应该躺下休息。

(2) 只要不吐或者呕吐停止之后，可以吃点流质食物，像米汤、鸡蛋羹、藕粉一类的东西，等症状好转、病情转轻时，不妨吃点半流质食物，如稀粥、面片汤等，但须忌油腻，也不能吃带刺激性的食物，如辣椒、胡椒等。如果呕吐，就不要吃东西，可喝些茶水或淡盐水，以补充吐泻所失掉的水分，否则，人会虚脱、陷入缺水的危险境地。

(3) 轻症，可请医生开点四环素一类的抗生素药物服用。

（4）中毒不深，也可以用点中草药。如火炭母 15 g、大青叶 15 g、鸭跖草 15 g；鬼针草 30 g、刺苋菜 30 g、金银花 30 g、鸡蛋花 10 g。这两组药方可选用一种。这些中草药可用水煎服，一天一剂，一剂可分早晚两次服用。

（5）腹痛厉害，可取穴内关、天枢用针刺或指针法治疗；如发烧，还可以取曲池穴治疗。此外，用热水袋敷痛处，能缓解疼痛。

## 第三节　旅行疾病应急处置

### 一、突发疾病应急处置

旅游是一项有益身心健康的活动，但是在旅行当中也会发生一些不愉快，如由于旅途疲劳、饮食不当、水土不服等原因引起一些突发性疾病。这些疾病轻者会扫了旅游者和同伴的兴，重者可能危及患者健康甚至生命。在这里，给大家介绍一些应对紧急情况的办法，以备不时之需。

**1. 晕倒昏厥**

千万不可随意搬动患者，应首先观察其心跳和呼吸是否正常。若心跳、呼吸正常，可轻拍患者并大声呼唤使其清醒。如患者无反应则说明情况比较严重，应使其头部偏向一侧并稍放低，取后仰头姿势，然后采取人工呼吸和心脏按压的方法进行急救。

**2. 关节扭伤**

切忌立即搓揉按摩，应马上用冷水或冰块冷敷约 15 min。然后，用手帕或绷带扎紧扭伤部位，也可就地取材用活血、散瘀、消肿的中药外敷包扎。

**3. 心源性哮喘**

奔波劳累，可能会诱发或加重旅游者的心源性哮喘。病人首先应采取半卧位，并用布带轮流扎紧患者四肢中的三肢，每隔 5 min 调换 1 次，这样可减少进入心脏的血流量，减轻心脏的负担。

**4. 心绞痛**

有心绞痛病史的患者，出外游玩应随身携带急救药品。如遇到有人发生心绞痛，先不可搬动患者，要迅速给予硝酸甘油让其含于舌下。

**5. 胆绞痛**

旅游途中若摄入过多的高脂肪和高蛋白饮食，容易诱发急性胆绞痛。患者发病后应静卧于床，并用热水袋在其右上腹热敷，也可用拇指压迫刺激足三里穴位，以缓解疼痛。

**6. 胰腺炎**

有些人在旅游时会由于暴饮暴食而诱发胰腺炎。发病后患者应严格禁止饮水和饮食。可用拇指或食指压迫足三里、合谷等穴位，以缓解疼痛，减轻病情并及时送医院救治。

**7. 急性胃肠炎**

旅游中由于食物或饮水不洁，极易引起各种急性胃肠道疾病。如出现呕吐、腹泻和剧烈腹痛等症状，可口服痢特灵、黄连素等药物，或将大蒜拍碎服下。

## 二、旅行中暑应急处理

中暑是指在高温和热辐射的长时间作用下，机体体温调节障碍，水、电解质代谢紊乱及神经系统功能损害的症状的总称。颅脑疾患的病人、老弱及产妇耐热能力差者，尤易发生中暑。

**1. 症状**

（1）发热、乏力、皮肤灼热、头晕、恶心、呕吐、胸闷。

（2）烦躁不安、脉搏细速、血压下降。

（3）重症病例可有头痛剧烈、昏厥、昏迷、痉挛。

**2. 临床分类**

（1）先兆中暑

高温环境下出现大汗、口渴、无力、头晕、眼花、耳鸣、恶心、心悸、注意力不集中、四肢发麻等，体温不超过 38℃。

（2）轻度中暑

上述症状加重，体温在 38℃以上，面色潮红或苍白，大汗，皮肤湿冷，脉搏细弱，心率快，血压下降等呼吸及循环衰竭的症状及体征。

（3）重度中暑

①中暑高热：体温调节中枢功能失调，散热困难，体内积热过多所致。开始有先兆中暑症状，以后出现头痛、不安、嗜睡，甚至昏迷。面色潮红，皮肤干热。血压下降，呼吸急促，心率快。体温在 40℃以上。

②中暑衰竭：由于大量出汗发生水及盐类丢失引起血容量不足。临床表现为面色苍白，皮肤湿冷，脉搏细弱，血压降低，呼吸快而浅，神志不清，腋温低，肛温在 38. 5℃左右。

③中暑痉挛：大量出汗后只饮入大量的水，而未补充食盐，血钠及氯降低，血钾亦可降低。患者口渴，尿少。肌肉痉挛及疼痛，体温正常。

④日射病：因过强阳光照射头部，大量紫外线进入颅内，引起颅内温度升高（可达 41～42℃），出现脑及脑膜水肿、充血。故发生剧烈的头痛，头晕，恶心，呕吐，耳鸣，眼花，烦躁不安，意识障碍，严重者发生抽搐昏迷。体温可轻度升高。上述情况有时可合并出现。

**3. 检查**

（1）血常规、尿常规、粪常规。

（2）肝功能、肾功能、电解质及无机元素检测。

（3）心血管检查。

（4）CT 检查。

（5）血液气体及酸碱平衡指标的检测。

**4. 治疗**

（1）立即移至阴凉处或空调室中，并给予物理降温，重症者迅速降温，头部戴冰帽，颈两侧、腋下及腹股沟大动脉附近放冰袋，静脉注射复方氯丙嗪。

（2）纠正水、电解质平衡。

（3）防治合并症，控制感染。

**5. 中暑时的紧急救护**

脱离高温环境，迅速将中暑者转移至阴凉通风处休息。使其平卧，头部抬高，松解衣扣。

（1）补充液体

如果中暑者神志清醒，并无恶心、呕吐，可饮用含盐的清凉饮料、茶水、绿豆汤等，以起到既降温、又补充血容量的作用。

（2）人工散热

可采用电风扇吹风等散热方法，但不能直接对着病人吹风，防止又造成感冒；亦可头部冷敷，应在头部、腋下、腹股沟等大血管处放置冰袋（将冰块、冰棍、冰激凌等放入塑料袋内，封严即可），并可用冷水或 30%酒精擦浴直到皮肤发红。

每 10～15 min 测量 1 次体温。

最后观察患者的心率，若在每分钟 110 次以下，则表示体温仍可忍受，若达到 110 次以上，应停止使用降温的各种方法，观察约 10 min 后，若体温继续上升，再重新给予降温。

恢复知觉后，供给盐水喝，但不能给予刺激物。此外，依患者之舒适程度，供应覆盖物。

## 三、晕车、晕船、晕机

晕车、晕船、晕机在医学上称为晕动病。这主要由于车、船和飞机在行驶时产生颠簸，或由于速度的改变刺激了内耳的平衡器官，使其平衡功能暂时失调而引起的。当眼睛不断观看迅速移动的景物、闻到汽油味或饥饿、过饱、睡眠不足时，往往易诱发晕动病。

### 1. 症状

晕车、晕船和晕机的症状因人而异，轻者仅感头昏、恶心。比较重的头晕目眩、恶心呕吐、面色苍白、出冷汗，甚至血压下降而虚脱昏倒。严重的晕动病，因呕吐频繁而致水电解质紊乱，发生酸中毒性休克。

### 2. 预防措施

预防晕动病的办法很多。比如，平时要加强抗晕锻炼，可以荡秋千、走浪木、练滚轮、坐转椅、转动头部等。乘车、乘船和乘机前要有充足的睡眠，旅途中不宜过饥、过饱。要尽量坐在颠簸较轻（如车厢前部）或舒适的位置上，注意车厢、船舱、机室内通风换气，保持空气新鲜。眼睛要看远方或车厢内固定物体，也可闭目养神。有晕动病史者，可在乘车、船和飞机前半小时口服晕海宁 50 mg 或其他抗晕药物。

简易预防法有：

(1) 在乘车、船和飞机前半小时，取 3 厘米×3 厘米大小的伤湿止痛膏或卫生胶布贴在肚脐上，有良好的防晕作用。

(2) 有晕动病史的人，可以乘车、船和飞机前，切一片生姜敷在“内关穴”（男左女右）上，用手帕包扎住即可，也有良好的防晕作用。

(3) 乘车、船、飞机前和途中，可反复含服人丹几粒，或用清凉油反复涂擦太阳穴，也有一定的防晕作用。

必备药品有：晕海宁、灭吐灵、安定片、人丹等。

### 3. 治疗措施

发生晕动病时，立即让患者平卧休息，不能平卧时，可坐在车厢前部中央，或仰卧于船舱中央，以尽量减少头部晃动，可减轻晕动病症状。嘱患者闭目或双目凝视车、船、飞机内某一固定物体，戴多层涂清凉油的口罩，可以减少因视觉或嗅觉因素而诱发晕动病的症状。饮食不宜过饱，束紧腹带，可减少腹中脏器的震动，也有助于减轻症状。由于空气不好或汽油味大而引起的，应将病人移至通风处或无汽油味处。

可采用的治疗措施有：

（1）刮痧疗法。手指弯曲，用食、中二指第一指关节蘸水，挟弹病人的印堂穴及颈部两侧和背部脊柱两旁的皮肤，直至皮下出现紫红色斑点为止。

（2）在太阳穴或鼻唇沟两侧反复涂清凉油，同时口服人丹 10 粒或饮用十滴水（2～3 mL），也可服生姜汁水。

（3）症状较重者可使用以下抗晕片。

①晕海宁 50 mg，每日 3 次；苯海拉明 25 mg，每日 3 次；安其敏 25 mg，每日 3 次。

②灭吐灵（胃复安）10 mg，1 日 3 次；异丙嗪 25 mg，1 日 3 次。

③莨菪浸膏片 2～3 片（每片 8 mg），1 日 3 次。

④安定片 2. 5 mg，每次 2～3 片，使患者尽可能入睡，以减少晕动反应。

⑤如呕吐不止，可服阿托品 2～3 片，加维生素（$B_6$）2～4 片，有止吐作用。

（4）消除患者紧张心理，转移其注意力，不要与有晕动反应的人谈论乘车、船、机发生的晕动病事例，以减少诱发因素与刺激。

## 四、突发传染病疫情应急处置

（1）旅游团队在行程中发现疑似重大传染病疫情时，随团导游人员应立即向当地卫生防疫部门报告，服从卫生防疫部门做出的安排。同时向当地旅游行政管理部门报告，并提供团队的详细情况。

（2）旅游团队所在地旅游行政管理部门接到疫情报告后，要积极主动配合当地卫生防疫部门做好旅游团队住宿的旅游饭店的消毒防疫工作，以及游客的安抚、宣传工作。如果卫生防疫部门做出就地隔离观察的决定后，旅游团队所在地旅游行政管理部门要积极安排好旅游者的食宿等后勤保障工作；同时向上一级旅游行政管理部门报告情况，并及时将有关情况通报组团社所在地旅游行政管理部门。

（3）经卫生防疫部门正式确诊为传染病病例后，旅游团队所在地旅游行政管理部门要积极配合卫生防疫部门做好消毒防疫工作，并监督相关旅游经营单位按照国家有关规定采取消毒防疫措施；同时向团队需经过地区旅游行政管理部门通报有关情况，以便及时采取相应防疫措施。

（4）发生疫情所在地旅游行政管理部门接到疫情确诊报告后，要立即向上一级旅游行政管理部门报告。省级旅游行政管理部门接到报告后，应按照团队的行程路线，在本省范围内督促该团队所经过地区的旅游行政管理部门做好相关的消毒防疫工作。同时，应及时上报国家旅游局。国家旅游局应协调相关地区和部门做好应急救援工作。

# 第四节　事故事件应急处置

## 一、交通事故的应急处理

**1. 立即组织抢救**

发生交通事故出现伤亡时，导游人员应立即组织现场人员迅速抢救受伤的游客，特别是抢救重伤者。如不能就地抢救，应立即将伤员送往距出事地点最近的医院抢救。

**2. 保护现场立即报案**

交通事故发生后，不要在忙乱中破坏现场，应指定专人保护现场，并尽快通知交通、公安部门（交通事故报警电话是 122），请求派人来现场调查处理。

**3. 迅速向接待社报告**

将受伤游客送往医院后，导游人员应迅速向接待社领导报告交通事故的发生及游客伤亡情况，听取领导对下一步工作的指示。

**4. 做好游客的安抚工作**

交通事故发生后，导游人员应做好团内其他游客的安抚工作，继续组织该团的参观游览活动。事故原因查清后，导游人员应向全团游客说明。

**5. 写出书面报告**

交通事故处理结束后，导游人员要写出事故报告，内容包括：事故的原因和经过；抢救经过、治疗情况；事故责任及对责任者的处理；游客的情绪及对处理的反映等。报告力求详细、准确、清楚（最好和领队联名报告）。

## 二、景区火灾事故的应急处理

### 1. 景区火灾处理一般步骤

立即报警—迅速通知领队及全团游客—听从工作人员的统一指挥—迅速通过安全出口疏散游客—引导游客自救—协助处理善后事宜。

如果情况紧急，千万不要搭乘电梯或随意跳楼。导游人员要镇定地判断火情，引导游客自救：

（1）若身上着火，可就地打滚或用厚重衣物压灭火苗。

（2）必须穿过浓烟时，用浸湿的衣物裹住身体，捂着口鼻，贴近地面顺墙爬行。

（3）大火封门无法逃出时，可用浸湿的衣物、被褥堵塞门缝或洒水降温，等待救援。

（4）摇动色彩鲜艳的衣物呼唤救援人员。

游客得救后，导游人员应立即组织抢救受伤者，若有重伤者应迅速送往医院；有游客死亡时按有关规定处理；采取各种措施稳定游客的情绪，解决因火灾造成的生活方面的困难，设法使旅游活动继续进行；协助领导处理好善后事宜；写出翔实的书面报告。

知识链接

森林火灾的应对战略：

1. 划分战略灭火地带。根据火灾威胁程度不同，划分为主、次灭火地带。在火场附近无天然和人为防火障碍物，火势可以自由蔓延，这是灭火的主要战略地带。在火场边界外有天然和人工防火障碍物，火势不易扩大，当火势蔓延到防火障碍物时，火会自然熄灭。这是灭火的次要地带。先灭主要地带的火，后集中消灭次要地带的火。

2. 先控制火灾蔓延，后消灭余火。

3. 打防结合，以打为主。在火势较猛烈的情况下，应在火发展的主要方向的适当地方开设防火线，并扑打火翼侧，防止火灾扩展蔓延。

4. 集中优势兵力打歼灭战。火势是在不断变化之中的，扑火指挥员要纵观全局，重点部位重点布防，危险地带重点看守，抓住扑火的有利时机，集中优势力量扑火头，一举将火扑灭。

5. 牺牲局部，保存全局。为了更好地保护森林资源和人民生命财产安全，在火势猛烈、人力不足的情况下采取牺牲局部、保护全局的措施是必要的。保护重点和秩序是：先人后物，先重点林区后一般林区；如果火灾危及林子和历史文物时，应先保护文物后保护林子。

6. 安全第一。扑火是一项艰苦的工作，紧张的行动，往往会忙中出错，乱中出事。扑火时，特别是在大风天扑火，要随时注意火的变化，避免被火围困造成人身伤亡。在火场范围大、扑火时间长的过程中，各级指挥员要从安全第一出发，严格要求，严格纪律，切实做到安全扑火。

**2. 初起火灾扑救**

初起火灾又称为初期火灾，是火灾发展的初始阶段，一般在起火后的 10 min 内。初起火灾由于燃烧范围小，火场温度低，热辐射作用弱，用简易的方法即可将火扑灭。

初起火灾的扑救方法：

（1）厨房油锅起火

油锅起火时，不要慌张，应迅速关闭燃气开关，用锅盖将锅盖上即可灭火，或将青菜倒入锅内。千万不要用水流冲击灭火，也不能将油倒入其他器皿中或倒在地上。

（2）液化石油气具起火

应迅速关闭气阀，如因起火暂时无法关闭，则应用石棉质的灭火毯或湿麻袋、湿棉被等覆盖起火器具，使火熄灭，然后关闭气阀，用水扑灭其他燃烧物的火焰，同时对气瓶进行水冷却。必要时，可将气瓶移至安全场所。

（3）电器用具起火

电器用具起火后，首先应断开电源，然后用干粉或 1211 灭火剂将线路上的火灭掉。确定电路无电时，方可用水扑救。

## 三、野外急救

在野外遇到突发性的病人或伤者时，要根据不同情况采取相应的急救措施（越快处理效果越好），然后想办法尽快送医院救治。

急救的目的是：抢救生命，降低死亡率；防止病情的继续恶化；减轻病痛，减少意外伤害，降低伤残率。

急救的原则是：遇到事故时，应沉着大胆，细心负责，分清轻重缓急，果断实施急救方法；先处理危重病人，再处理病情较轻的病人；对于同一患者，先救治生命，再处理局部；观察现场环境，确保自己及伤者的安全；充分运用现场可供支配的人力、物力来协助急救。

### 1. 处理前观察

在做具体处理前，需观察患者全身状况，并掌握周围状况。判断伤病原因、疼痛部位、程度如何，或将耳朵靠近听听呼吸声。尤其要注意脸、嘴唇、皮肤的颜色或确认有无外伤、出血、意识状况和呼吸情形，仔细观察骨折、创伤、呕吐的情况。随后，更要选择具体的处理方法。尤其对呼吸停止、昏迷、大量出血、服毒的情况，不管有无意识，发现者均应迅速做出紧急处理，否则将危及患者生命。在观察症状的变化中，遇症状恶化的需按急救法施以应急处理。

现场要尽量组织好对伤病者的脱险救援工作，救护人员既要有分工，也要有合作。观察后处理：在活动中发生的外伤或突发病况有很多种，所以也需施以各种适当的急救方法加以应付。至于相关症状的具体处理方法，在后文详述。

在做急救处理时，以患者最舒适的方式移动其身体。若患者昏迷，需注意确保呼吸道畅通，谨防呕吐物引起的窒息死亡。为确保呼吸畅通需让患者平躺。若有撞击到头部的也要水平躺下，若脸色发青需抬高脚部，而脸色发红者需稍抬高头部，有呕吐感者，需让其侧卧或俯卧为宜。

**2. 处理完毕后**

在紧急处理完将患者交给医师之前，需对患者进行保暖，避免他消耗体力，使症状恶化。接着联络医师、救护车、患者家属。

原则上搬运患者，需在充分处理过后安静地运送。搬运方法随伤患情况和周围状况而定。在搬运中，抢救者很累，要适度且有规则地休息，并随时注意患者的病况。现场抢救时间紧迫，对病情危重者的救治，一要遵守急救原则，二要抓住重点，迅速按以下步骤检查患者。

**3. 判断意识**

轻拍患者肩部（或面部），并在其耳边大声呼唤：“喂，你怎么啦！”以试其反应，婴儿采用拍击足跟或掐其合谷穴，如能哭泣，则为有意识。

**4. 高声呼救**

患者对轻拍、呼唤无反应，表明其已无意识，立即在原地高声呼救：“快来人呀！救命啊！”

**5. 急救体位**

患者体位应为“仰卧在坚硬平面上”。如果患者是俯卧或侧卧，在可能情况下应将他翻转为仰卧，放在坚硬平面上，如木板床、地板或背部垫上木板，这样，才能使心脏按压行之有效。不可将患者仰卧在柔软物体上，如沙发或弹簧床上，以免直接影响胸外心脏按压的效果。注意保护头颈部。

翻身的方法：抢救者先跪在患者一侧的肩颈部，将其两上肢向头部方向伸直，然后将离抢救者远端的小腿放在近端的小腿上，两腿交叉，再用一只手托住患者的后头颈部，另一只手托住患者远端的腋下，使头、颈、肩、躯干呈一整体同时翻转成仰卧位，最后，将其两臂还原放回身体两侧。

**6. 打开气道**

抢救者先将患者衣领扣、领带、围巾等解开，同时迅速将患者口鼻内的污泥、土块、痰、呕吐物等清除，以利呼吸道畅通。

呼吸道是气体进出肺的必经之道。由于意识丧失的患者舌肌松弛、舌根后坠，会厌下坠，头部前倾造成咽喉部气道阻塞。仰头举颏法可使下颌骨上举，咽喉壁后移而加宽气道，使气道打开，呼吸得以畅通。抢救者将一手置于患者前额并下压，使其头部后仰，另一手的食指和中指放于靠近颏部下颌骨下方，将颏部向前抬起，帮助头部后仰。头部后仰程度以下颌角与耳垂间连线与地面垂直为正确位置。婴儿头部轻轻后仰即可。

注意清除口腔内异物不可占用过多时间，整个开放气道过程要在3～5 s内完成，而且在心肺复苏全过程中，自始至终要保持气道畅通。

**7. 看、听、感觉呼吸**

患者气道畅通后，抢救者利用看、听、感觉之法3～5 s，检查患者有无自主呼吸。检查方法：抢救者侧头用耳贴近患者的口鼻，一看患者胸部（或上腹部）有无起伏；二听患者口鼻有无呼吸的气流声；三感觉有无气流吹拂面颊感。

**8. 人工呼吸**

患者无自主呼吸，抢救者应立即对患者实施人工呼吸——口对口（鼻）吹气2次。每次吹气时间为1～1.5 s。每次吹气量应为800 mL。

**9. 检查脉搏，判断心跳**

抢救者采用摸颈动脉或肱动脉，观察是否有搏动 5～10 s，判断患者有无心脏跳动。检查时应轻柔触摸，不可用力压迫。为判断准确，可先后触摸双侧颈动脉，但禁止两侧同时触摸，以防阻断脑部血液供应。没有脉搏搏动，可实施胸外心脏按压术，按压 15 次，按压速度为每分钟 60～80 次。按压与吹气之比为 30∶2，反复进行。连续做四遍或进行 1 min 后，再判断，检查脉搏、呼吸恢复情况和瞳孔有无变化。

**10. 紧急止血**

抢救者对有严重外伤者，还应检查患者有无严重出血的伤口，若有，应当采取紧急止血措施，避免因大出血引起休克而致死亡。

**11. 保护脊柱**

意外伤害、突发事件造成严重外伤，在现场救治中，要注意保护脊柱，并在医疗监护下进行搬动转运，避免脊髓受伤或受伤脊柱进一步加重，造成截瘫甚至死亡。

**知识链接**

溺水的急救：

溺水者的症状是面部青紫、肿胀、双眼充血，口腔、鼻孔和气管充满血性泡沫；肢体冰冷，脉细弱，甚至抽搐或呼吸心跳停止。溺水致死主要是由于气管内吸入大量的水阻碍呼吸，或因喉头强烈痉挛，引起呼吸道关闭、窒息死亡。当发生溺水时，不熟悉水性时可采取自救法：除呼救外，取仰卧位，头部向后，使鼻部可露出水面呼吸。呼气要浅，吸气要深。因为深吸气时，人体比重降到 0.967，比水略轻，可浮出水面（呼气时人体比重为 1.057，比水略重），此时千万不要慌张，不要将手臂上举乱扑动，致使身体下沉更快。会游泳者，如果发生小腿抽筋，要保持镇静，采取仰泳位，用手将抽筋的腿的脚趾向背侧弯曲，可使痉挛松弛，然后慢慢游向岸边。救护溺水者，应迅速游到溺水者附近，观察清楚位置，从其后方出手救援，或投入木板、救生圈、长杆等，让落水者攀扶上岸。出水后的救护刻不容缓，现场复苏最为重要，将溺水者救出后立即清除口腔、鼻咽腔的呕吐物和泥沙等异物，保持呼吸道通畅，将其舌头拉出，以免后翻堵塞呼吸道。可将溺水者腹部垫高，胸及头下垂，或抱其双腿、腹部，将其放在救护人员的肩部，进行走动或跳动以“倒水”。恢复溺水者呼吸是急救成功之关键。进行人工呼吸，可采取口对口或口对鼻人工呼吸，若伴心跳停止，应同时立即进行胸外按压，以恢复心脏搏动，胸外心脏按压与人工呼吸比为30∶2。人工呼吸不可间断，不能轻易放弃抢救，直到恢复自主呼吸或其他表现已表明无法挽救为止。经现场抢救基本恢复的溺水者，也应送医院观察，以免延误肺器官并发症的诊治。有肺水肿和电解质紊乱者在急救的同时宜速送医院救治。肺水肿者宜立即作气管内插管并进行间歇正压呼吸，给予75%乙醇吸入可缓解水肿液造成的呼吸道梗阻。神志昏迷者可给予兴奋剂，如尼可刹米、回苏灵等。给予抗菌素治疗可预防吸入性肺炎。出现代谢性酸中毒时可静脉滴注5%重碳酸钠溶液100～200 mL。溺水有致命威胁，在船上或者海边游玩时，游客应当保持警惕，切忌大意。不会游泳或容易腿抽筋的游客游泳时，禁止进入水深超过颈部的水域，更不要在未开发的、没有安全保障的地方游泳。

## 四、治安事故的处置

一旦发生治安事故，导游人员应做到以下几个方面。

**1. 保护游客的人身、财产安全**

若歹徒向游客行凶、抢劫财物时，在场的导游人员应毫不犹豫地挺身而出，勇敢地保护游客，并立即将游客转移到安全地点，力争与在场群众、当地公安人员一起缉拿罪犯，追回钱物；如有游客受伤，应立即组织抢救。

**2. 立即报警**

治安事故发生后，导游人员应立即向当地公安部门报案并积极协助破案。报案时要实事求是地介绍事故发生的时间、地点、案情和经过；提供作案者的特征，告知受害者的姓名、性别、国籍、伤势及损失物品的名称、数量、型号、特征等。

**3. 及时向领导报告**

导游人员要及时向旅行社领导报告治安事故发生的情况并请求指示，情况严重时请领导前来指挥、处理。

**4. 稳定游客的情绪**

治安事故发生后，导游人员应采取必要措施稳定游客的情绪，努力使旅游活动顺利地进行下去。

**5. 写出书面报告**

导游人员应写出详细、准确的书面报告，报告除上述内容外，还应写明案件的性质、采取的应急措施、侦破情况、受害者和旅游团其他成员的情绪及有何反映、要求等。

**6. 协助领导做好善后工作**

导游人员应在领导指挥下，准备好必要的证明、资料，处理好各项善后事宜。

## 五、野生动物应对

旅行过程中，特别是处于森林景观区时，游人有可能遭遇野生动物的伤害，尤其是在一些有野生兽类出没的地区，更应小心谨慎，掌握必要的应对知识。一旦遇见兽类，应迅速强迫自己冷静下来，正视它的眼睛，让它看不出你下一步的行动。你要保持警惕，但不要主动发动攻击，这样会暴露自己。不要背对对方，在自然界中这样做等于表明自己是被猎者。面对对方，慢慢向后退。同时不能让它看出你想逃跑（自然界中某些动物后退的时候表示它准备发起攻击，兽类都知道这一点）。如果它跟进则应立即停止后退。注意：后退时一定要以匀速慢慢地走，即使对方没有跟进也不要快跑——这是野生动物的天下，它可以轻易地追上你，你快跑等于表明自己是被猎者。尽可能不要上树（除非它没有发现你，或者你自信后援小组能及时赶来），上树等于自断退路，兽类善于等待。

血的教训

2005 年 12 月，杭州市一位老人在位于西湖景区的“中天竺”附近遭遇野猪突袭，被野猪咬伤。

如果它不认为你是食物，并且发觉你不会对它造成伤害，观察之后它就会离开。你要做的就是想办法让它明白这两点。

**1. 熊**

经常听到有熊闯入营地的事，这是因为以前有人用自带食物喂熊，后因此举危险而被禁止。但熊可不知道这一点，它仍然以为您的野营饭盒是为它准备的，于是大饱口福。熊一般只在两种情况下主动袭击人类：

（1）你站在母熊和小熊之间（母子问题）。

（2）你站在熊和熊的食物之间。

所以当你在有熊出没的地方行进时，最好在身上带上铃铛，一路上吹口哨，熊能听见，知道是（可怕的）人类来了，会躲开的。

**2. 狗**

一般来说狗都很可爱，只要你不去惹它就不会咬你，但疯狗除外。当你在路上看见有垂头丧气、伸出舌头的狗时，请远离它。

当被狗追时，马上蹲下，并捡起石头扔过去。实际上你只需要谨记“蹲下”即可，不管有没有石头都蹲下，狗马上就会跑开（警犬除外）。

3. 狼

狼是最危险的动物。一头狼并不危险，但是，狼大多是群体活动。如果在行进中发现只有一头狼，千万不要轻视它，特别是当它远远跟随的时候——狼很少独自发起攻击，当它认为不能独立获取猎物时，会通知其所在群体，并远随猎物之后，在路途中留下记号，吸引更多的狼加入，入夜时分即会发起攻击。

当发现有狼跟随时，尽快回到公路或安全营地。狼怕火，可以利用这一点脱险。千万不要想着把那只跟随的狼消灭即可脱险，相反，这样只会引发狼群的仇恨，当狼群想复仇或想救援被捕捉的狼时，会召集其他狼群（直到它们认为有绝对实力获胜为止）一起进攻，这时，火也无法让其退缩。

4. 蛇

打草惊蛇是常用的办法，在一些潮湿的草丛、林间及灌木丛里，或者大雨前后，都是蛇出没的地方和时间。不论是否有蛇，都应拿一根棍子，边走边打草，使蛇受到惊吓而逃。在营地扎营时，如果有防蛇的必要，应当带上一些雄黄粉之类的驱蛇之物，将其撒在帐篷或者营地四周。如果蛇已被惊动并且立起前身准备攻击时，大家不要惊慌，要原地不动，慢慢地拿出手巾之类的东西，抛向别处将蛇的注意点引开，随后，要么用带叉的长棍灭之，要么避开。

5. 蚂蟥

蚂蟥分旱地蚂蟥和水蚂蟥等多种。旱地蚂蟥一般生长在潮湿、低海拔（3000 米以下）的地方，多活动在道路边的草丛上。人经过时会惊动它们，第一个人往往无事，后面的人一不注意就会被它的吸盘“粘”住，并很快爬到皮肤上。

防蚂蟥，有两种办法：一种是防范，即将裤脚扎紧，洒上点风油精，在腿上、手上涂一些万金油等刺激性的药物，如果在蚂蟥多的地区，还要不时地察看（挽开裤袖）；另一种是斗争，即干脆挽起袖子（手和裤），让皮肤暴露出来，一旦有蚂蟥叮上就很容易觉察

(蚂蟥一般是深褐色)，这时大胆地用手将其扯下来（用指甲掐或烟火烫)，再用手将它捏在手中搓弄，直至其干死。

6. **海蜇**

海蜇伤人后，千万别用淡水冲。比如沙蜇也叫红蜇，是海蜇的一种，能分泌肽毒，被蜇后毒性可以直攻心脏。被沙蜇蜇伤以后，千万不要用淡水冲洗，因淡水可促使刺胞释放毒液。应尽快用毛巾、衣服、泥沙擦去黏附在皮肤上的触手或毒液，也可以用海水冲洗。一般老渔民的处理方法是用白矾擦，但是建议大家一定要及时到医院进行治疗。

被海蜇蜇伤后的急救处理如下：

（1）用碱性溶液于蜇伤处冷敷，可用5%～10%碳酸氢钠溶液、明矾水或1%氨水。

（2）应用抗组织胺类药物，如扑尔敏等有一定作用。重者可用肾上腺皮质激素。

（3）尽快到当地医院进行治疗。

## 六、国（境）外发生突发事件的应急处置

在组织中国公民出国（境）旅游中发生突发事件时，旅行社领队要及时向所属旅行社报告，同时报告我国驻所在国或地区使（领）馆或有关机构，并通过所在国家或地区的接待社或旅游机构等相关组织进行救援，要接受我国驻所在国或地区使（领）馆或有关机构的领导和帮助，力争将损失降到最低限度。

## 第五节 游客死亡事故处理

### 一、游客病危

当发现客人突然患病，应立即报告景区负责人或值班经理，在领导安排下组织抢救。在抢救病危客人过程中，必须要有患者家属、领队或亲朋好友在场。

### 二、游客死亡

死亡的确定。一经发现游客在景区内死亡，应立即报告当地公安局，并通知死者所属的团、组负责人。如属正常死亡，善后处理工作由接待单位负责。没有接待单位的，由公安机关会同有关部门共同处理。如属非正常死亡，应保护好现场，由公安机关取证处理。尸体在处理前应妥为保存。

通知死者单位或家属。凡属正常死亡的，在通报公安部门后，由接待或工作单位负责通知家属。如死者无接待单位，由景区或公安部门负责通知。

出具证明。正常死亡，由县级或县级以上医院出具“死亡证明书”。非正常死亡，由公安机关或司法机关法医出具“死亡鉴定书”。

死者遗物的清点和处理。清点死者遗物应有死者随行人员或家属及景区工作人员在场。如死者有遗嘱，应将遗嘱拍照或复制，原件交死者家属或所属单位。

尸体的处理。遗体处理一般以当地火化为宜。遗体火化前，应由领队、死者家属或代表写出“火化申请书”，交景区保存。如死者家属要求将遗体运送回原籍，尸体要由医院作防腐处理，由殡仪馆成殓，并发给“装殓证明书”。遗体运送回原籍应有相关证明。

## 三、其他注意事项

善后处理结束后，应由聘用或接待单位写出“死亡善后处理情况报告”，送主管领导单位、公安局等相关部门。内容包括死亡原因、抢救措施、诊断结果、善后处理情况等。

对在华死亡的外国人要严格按照《中华人民共和国外交部关于外国人在华死亡后的处理程序》处理。

# 附录

## 生产经营单位生产安全事故应急预案编制导则（GB/T 29639—2013）

### 1 范围

本标准规定了生产经营单位编制生产安全事故应急预案（以下简称应急预案）的编制程序、体系构成和综合应急预案、专项应急预案、现场处置方案以及附件。

本标准适用于生产经营单位的应急预案编制工作，其他社会组织和单位的应急预案编制可参照本标准执行。

### 2 规范性引用文件

下列文件对于本文件的应用是必不可少的。凡是注日期的引用文件，仅注日期的版本适用于本文件。凡是不注日期的引用文件，其最新版本（包括所有的修改单）适用于本文件。

GB/T 20000. 4 标准化工作指南　第 4 部分：标准中涉及安全的内容

AQ/T 9007 生产安全事故应急演练指南

### 3 术语和定义

下列术语和定义适用于本文件。

3. 1　应急预案　emergency plan

为有效预防和控制可能发生的事故，最大程度减少事故及其造成损害而预先制定的工作方案。

3. 2　应急准备　emergency preparedness

针对可能发生的事故，为迅速、科学、有序地开展应急行动而预先进行的思想准备、组织准备和物资准备。

3.3　应急响应　emergency response

针对发生的事故，有关组织或人员采取的应急行动。

3.4　应急救援　emergency rescue

在应急响应过程中，为最大限度地降低事故造成的损失或危害，防止事故扩大，而采取的紧急措施或行动。

3.5　应急演练　emergency exercise

针对可能发生的事故情景，依据应急预案而模拟开展的应急活动。

**4　应急预案编制程序**

4.1　概述

生产经营单位应急预案编制程序包括成立应急预案编制工作组、资料收集、风险评估、应急能力评估、编制应急预案和应急预案评审6个步骤。

4.2　成立应急预案编制工作组

生产经营单位应结合本单位部门职能和分工，成立以单位主要负责人（或分管负责人）为组长，单位相关部门人员参加的应急预案编制工作组，明确工作职责和任务分工，制定工作计划，组织开展应急预案编制工作。

4.3　资料收集

应急预案编制工作组应收集与预案编制工作相关的法律法规、技术标准、应急预案、国内外同行业企业事故资料，同时收集本单位安全生产相关技术资料、周边环境影响、应急资源等有关资料。

4.4　风险评估

主要内容包括：

a）分析生产经营单位存在的危险因素，确定事故危险源；

b）分析可能发生的事故类型及后果，并指出可能产生的次生、衍生事故；

c）评估事故的危害程度和影响范围，提出风险防控措施。

4.5　应急能力评估

在全面调查和客观分析生产经营单位应急队伍、装备、物资等应急资源状况基础上开展应急能力评估，并依据评估结果，完善应急保障措施。

4.6　编制应急预案

依据生产经营单位风险评估以及应急能力评估结果，组织编制应急预案。应急预案编制应注重系统性和可操作性，做到与相关部门和单位应急预案相衔接。应急预案编制格式参见附录 A。

4.7　应急预案评审

应急预案编制完成后，生产经营单位应组织评审。评审分为内部评审和外部评审，内部评审由生产经营单位主要负责人组织有关部门和人员进行。外部评审由生产经营单位组织外部有关专家和人员进行评审。应急预案评审合格后，由生产经营单位主要负责人（或分管负责人）签发实施，并进行备案管理。

**5　应急预案体系**

5.1　概述

生产经营单位的应急预案体系主要由综合应急预案、专项应急预案和现场处置方案构成。生产经营单位应根据本单位组织管理体系、生产规模、危险源的性质以及可能发生的事故类型确定应急预案体系，并可根据本单位的实际情况，确定是否编制专项应急预案。风险因素单一的小微型生产经营单位可只编写现场处置方案。

5.2　综合应急预案

综合应急预案是生产经营单位应急预案体系的总纲，主要从总体上阐述事故的应急工作原则，包括生产经营单位的应急组织机构及职责、应急预案体系、事故风险描述、预警及信息报告、应急响应、保障措施、应急预案管理等内容。

5.3　专项应急预案

专项应急预案是生产经营单位为应对某一类型或某几种类型事

故，或者针对重要生产设施、重大危险源、重大活动等内容而定制的应急预案。专项应急预案主要包括事故风险分析、应急指挥机构及职责、处置程序和措施等内容。

5.4 现场处置方案

现场处置方案是生产经营单位根据不同事故类型，针对具体的场所、装置或设施所制定的应急处置措施，主要包括事故风险分析、应急工作职责、应急处置和注意事项等内容。生产经营单位应根据风险评估、岗位操作规程以及危险性控制措施，组织本单位现场作业人员及安全管理等专业人员共同编制现场处置方案。

**6 综合应急预案主要内容**

6.1 总则

6.1.1 编制目的

简述应急预案编制的目的。

6.1.2 编制依据

简述应急预案编制所依据的法律、法规、规章、标准和规范性文件以及相关应急预案等。

6.1.3 适用范围

说明应急预案适用的工作范围和事故类型、级别。

6.1.4 应急预案体系

说明生产经营单位应急预案体系的构成情况，可用框图形式表述。

6.1.5 应急工作原则

说明生产经营单位应急工作的原则，内容应简明扼要、明确具体。

6.2 事故风险描述

简述生产经营单位存在或可能发生的事故风险种类、发生的可能性以及严重程度及影响范围等。

6.3 应急组织机构及职责

明确生产经营单位的应急组织形式及组成单位或人员，可用结构图的形式表示，明确构成部门的职责。应急组织机构根据事故类型和应急工作需要，可设置相应的应急工作小组，并明确各小组的工作任务及职责。

6.4　预警及信息报告

6.4.1　预警

根据生产经营单位检测监控系统数据变化状况、事故险情紧急程度和发展势态或有关部门提供的预警信息进行预警，明确预警的条件、方式、方法和信息发布的程序。

6.4.2　信息报告

信息报告程序主要包括：

a）信息接收与通报

明确24小时应急值守电话、事故信息接收、通报程序和责任人。

b）信息上报

明确事故发生后向上级主管部门、上级单位报告事故信息的流程、内容、时限和责任人。

c）信息传递

明确事故发生后向本单位以外的有关部门或单位通报事故信息的方法、程序和责任人。

6.5　应急响应

6.5.1　响应分级

针对事故危害程度、影响范围和生产经营单位控制事态的能力，对事故应急响应进行分级，明确分级响应的基本原则。

6.5.2　响应程序

根据事故级别的发展态势，描述应急指挥机构启动、应急资源调配、应急救援、扩大应急等响应程序。

6.5.3　处置措施

针对可能发生的事故风险、事故危害程度和影响范围，制定相应的应急处置措施，明确处置原则和具体要求。

6.5.4　应急结束

明确现场应急响应结束的基本条件和要求。

6.6　信息公开

明确向有关新闻媒体、社会公众通报事故信息的部门、负责人和程序以及通报原则。

6.7　后期处置

主要明确污染物处理、生产秩序恢复、医疗救治、人员安置、善后赔偿、应急救援评估等内容。

6.8　保障措施

6.8.1　通信与信息保障

明确可为生产经营单位提供应急保障的相关单位及人员通信联系方式和方法，并提供备用方案。同时，建立信息通信系统及维护方案，确保应急期间信息通畅。

6.8.2　应急队伍保障

明确应急响应的人力资源，包括应急专家、专业应急队伍、兼职应急队伍等。

6.8.3　物资装备保障

明确生产经营单位的应急物资和装备的类型、数量、性能、存放位置、运输及使用条件、管理责任人及其联系方式等内容。

6.8.4　其他保障

根据应急工作需求而确定的其他相关保障措施（如：经费保障、交通运输保障、治安保障、技术保障、医疗保障、后勤保障等）。

6.9　应急预案管理

6.9.1　应急预案培训

明确对生产经营单位人员开展的应急预案培训计划、方式和要求，使有关人员了解相关应急预案内容，熟悉应急职责、应急程序和现场处置方案。如果应急预案涉及社区和居民，要做好宣传教育和告知等工作。

6.9.2 应急预案演练

明确生产经营单位不同类型应急预案演练的形式、范围、频次、内容以及演练评估、总结等要求。

6.9.3 应急预案修订

明确应急预案修订的基本要求，并定期进行评审，实现可持续改进。

6.9.4 应急预案备案

明确应急预案的报备部门，并进行备案。

6.9.5 应急预案实施

明确应急预案实施的具体时间、负责制定与解释的部门。

**7 专项应急预案主要内容**

7.1 事故风险分析

针对可能发生的事故风险，分析事故发生的可能性以及严重程度、影响范围等。

7.2 应急指挥机构及职责

根据事故类型，明确应急指挥机构总指挥、副总指挥以及各成员单位或人员的具体职责。应急指挥机构可以设置相应的应急救援工作小组，明确各小组的工作任务及主要负责人职责。

7.3 处置程序

明确事故及事故险情信息报告程序和内容、报告方式和责任等内容。根据事故响应级别，具体描述事故接警报告和记录、应急指挥机构启动、应急指挥、资源调配、应急救援、扩大应急等应急响应程序。

7.4 处置措施

针对可能发生的事故风险、事故危害程度和影响范围，制定相应的应急处置措施，明确处置原则和具体要求。

## 8 现场处置方案主要内容

8.1 事故风险分析

主要包括：

a）事故类型；

b）事故发生的区域、地点或装置的名称；

c）事故发生的可能时间、事故的危害严重程度及其影响范围；

d）事故前可能出现的征兆；

e）事故可能引发的次生、衍生事故。

8.2 应急工作职责

根据现场工作岗位、组织形式及人员构成，明确各岗位人员的应急工作分工和职责。

8.3 应急处置

主要包括以下内容：

a）事故应急处置程序。分局可能发生的事故及现场情况，明确事故报警、各项应急措施启动、应急救护人员的引导、事故扩大及同生产经营单位应急预案的衔接的程序。

b）现场应急处置措施。针对可能发生的火灾、爆炸、危险化学品泄漏、坍塌、水患、机动车辆伤害等，从人员救护、工艺操作、事故控制，消防、现场恢复等方面制定明确的应急处置措施。

c）明确报警负责人以及报警电话及上级管理部门、相关应急救援单位联络方式和联系人员，事故报告基本要求和内容。

8.4 注意事项

主要包括：

a）佩戴个人防护器具方面的注意事项；

b）使用抢险救援器材方面的注意事项；

c）采取救援对策或措施方面的注意事项；

d）现场自救和互救注意事项；

e）现场应急处置能力确认和人员安全防护等事项；

f）应急救援结束后的注意事项；

g）其他需要特别警示的事项。

## 9　附件

### 9.1　有关应急部门、机构或人员的联系方式

列出应急工作中需要联系的部门、机构或人员的多种联系方式，当发生变化时及时进行更新。

### 9.2　应急物资装备的名录或清单

列出应急预案涉及的主要物资和装备名称、型号、性能、数量、存放地点、运输和使用条件、管理责任人和联系电话等。

### 9.3　规范化格式文本

应急信息接报、处理、上报等规范化格式文本。

### 9.4　关键的路线、标识和图纸

主要包括：

a）警报系统分布及覆盖范围；

b）重要防护目标、危险源一览表、分布图；

c）应急指挥部位置及救援队伍行动路线；

d）疏散路线、警戒范围、重要地点等的标识；

e）相关平面布置图纸、救援力量的分布图纸等。

### 9.5　有关协议或备忘录

列出与相关应急救援部门签订的应急救援协议或备忘录。

## 附录 A
## （资料性附录）
## 应急预案编制格式

### A.1　封面

应急预案封面主要包括应急预案编号、应急预案版本号、生产经营单位名称、应急预案名称、编制单位名称、颁布日期等内容。

### A.2　批准页

应急预案应经生产经营单位主要负责人（或分管负责人）批准

方可发布。

### A.3 目次

应急预案应设置目次，目次中所列的内容及次序如下：

——批准页；

——章的编号、标题；

——带有标题的条的编号、标题（需要时列出）；

——附件，用序号表明其顺序。

### A.4 印刷与装订

应急预案推荐采用 A4 版面印刷，活页装订。